BELÉN MONTALVO

(DES)HACER LAS AMÉRICAS

BELÉN MONTALVO

(DES)HACER LAS AMÉRICAS

Una crónica real desde Estados Unidos

geoPlaneta ◯

Obra editada en colaboración con Editorial Planeta - España

(DES)HACER LAS AMÉRICAS
Una crónica real desde Estados Unidos

© Textos: Belén Montalvo, 2024
Autora representada por Silvia Bastos, S.L. Agencia literaria

Créditos de portada: © Sophie Guët
Adaptación de portada: © Genoveva Saavedra / @aciditadiseño
Ilustración de portada: © Freepik / Sophie Guët

© 2024, Editorial Planeta, S.A. – Barcelona, España

Derechos reservados

© 2024, Editorial Planeta Mexicana, S.A. de C.V.
Bajo el sello editorial GEOPLANETA M.R.
Avenida Presidente Masarik núm. 111,
Piso 2, Polanco V Sección, Miguel Hidalgo
C.P. 11560, Ciudad de México
www.planetadelibros.us

Primera edición impresa en esta presentación: septiembre de 2024
ISBN: 978-607-39-1831-2

Impreso en los talleres de Impregráfica Digital, S.A. de C.V.
Av. Coyoacán 100-D, Valle Norte, Benito Juárez
Ciudad De Mexico, C.P. 03103
Impreso en México - *Printed in Mexico*

Para Héctor y Greta.

SUMARIO

UNA INTRODUCCIÓN

Me llamo Belén Montalvo Martín. En estos momentos tengo cuarenta y dos años. Soy la hija menor de José Luis y Esperanza y la primera generación de madrileños en mi familia, ya que ambos llegaron siendo niños con sus padres desde Castilla y León y Castilla-La Mancha.

Pasé mi infancia en el distrito de Ciudad Lineal, fuera de la almendra central de Madrid, primero en el barrio de Quintana y luego en el de Pueblo Nuevo, donde mis padres compraron un piso en la misma calle en la que vivían mis abuelos. Estudié en el colegio más cercano, que era de monjas, hasta bachillerato y después fui a un colegio privado de mi barrio que tenía buena reputación por «exigente», aunque ahora que lo pienso creo recordar que su antigua alumna más ilustre, en mis tiempos, era Arancha del Sol y después fue conocido por ser donde Belén Esteban decidió llevar a su hija, Andreíta.

Pero, efectivamente, el colegio era exigente. Tan exigente fue que mis notas pasaron de ser buenas a ser bastante mediocres y, aunque en la selectividad tuve muy buen resultado, me faltaron un par de décimas para poder estudiar Publicidad y Relaciones Públicas donde yo habría querido, en la Complutense. Terminé haciéndolo en una universidad privada beneficiándome de una beca que mantuve por buenas notas y de la generosidad de mis padres, que pudieron pagar la cuota anual de aquel lugar en el que nunca sentí que encajaba.

El que sería después mi suegro, que era periodista, me ayudó, además, a conseguir mis primeras prácticas y mi primer trabajo nada más licenciarme, gracias a sus contactos. Hasta entonces, yo solo había trabajado en El Corte Inglés durante las campañas de rebajas y Navidad para poder pagarme mis caprichos.

A los veinticinco años ya había hecho un curso de posgrado, que me pagó mi empresa, y conseguido mi segundo trabajo, con un sueldo mejor, así que me casé con mi novio, a quien había conocido a través de mi vecino de arriba casi siete años antes, cuando yo aún ni había terminado el bachillerato. Compramos y amueblamos, en plena burbuja inmobiliaria de principios de los años 2000, y con mucha ayuda de nuestros padres, un piso a las afueras de Madrid: un bajo con jardín para nuestras dos perras de raza labrador. Nos pudimos pagar una boda de ensueño donde cocinó un chef con estrella Michelin, y Maserati nos prestó un Quattroporte del mismo color de mi ramo y el lazo de mi vestido para aquel día. No me faltaba de nada y cada año iba siendo, en mi vida y en la de mi familia, mejor que el anterior.

Sin embargo, poco después de mi séptimo aniversario de bodas, en otoño del 2013, me fui a vivir yo sola a Miami, Estados Unidos. Tenía treinta y dos años. No tenía hijos. Mis dos perras, que ya tenían más de diez años, se quedaron en España, junto a mi marido, y pasaron a ser cuidadas por mis suegros y mi cuñada con todo su amor. En Miami, un año más tarde, yo adopté a mi perro Pancho.

Estoy dando todos estos detalles porque creo que cada historia de vida es única y es importante saber de dónde viene cada uno. No hay orígenes mejores ni peores, pero es importante ser conscientes de nuestros privilegios o situación de partida antes de ponerme a hablar de «obstáculos superados».

En este libro explicaré qué me llevó a desear irme a Estados Unidos, cómo fue todo el proceso hasta lograrlo y a qué problemas me enfrenté o vi a otros enfrentarse. Y también os voy a contar por qué seguí casada con mi marido, a pesar de la distancia, hasta tres años después de marcharme.

Muy poco tiempo después de romper esa relación por fin, tan solo unos siete meses más tarde, conocí a Adam, quien terminaría siendo mi Yankimarido. Nos casamos así, precipitadamente, porque la empresa que me había traído a su país decidió en el último momento posible, y tras haberme dado a entender que ya estaban arreglándolo, no renovarme el visado de trabajo que me permitía vivir legalmente en Estados Unidos. Me vi en la encrucijada de tener que elegir entre todo o nada: abandonar en ese mismo momento la relación que habíamos iniciado pocos meses atrás y volver a España, o apostarlo todo por ese novio aún medio misterioso, con el que estaba yo cicatrizando mis heridas, para poder acogerme al permiso de residencia permanente por matrimonio y seguir rehaciendo mi vida a este lado del charco. Tras unas semanas de angustia, de pagar a varios abogados por asesoramiento y de mucha labor de investigación sobre tipos de visado y posibilidades, decidí casarme con él. Ni mi familia ni mis amigos lo conocían aún en persona. Mis padres, cuando ya la decisión estaba tomada, volaron a Miami para presentarse y, una vez más, apoyarme en lo que hiciera. A nuestra boda en Miami, en un día laborable, solo vino mi mejor amiga española: Leyre, a quien había conocido allí. Ella retransmitió la breve ceremonia civil en un directo para mis amigos a través de mi Facebook, a pesar de que muchos de ellos todavía se preguntaban quién era ese yanqui y qué demonios había ocurrido para que yo estuviera haciendo aquello. Esta boda así, con lo puesto y con unos anillos comprados un par de días antes por doce dólares que nos dejaron a ambos el dedo negro, fue un acontecimiento, cuando menos, insólito. Fue chocante para mí y para todos los que me conocían, ya que, tras una década de matrimonio precedida por un larguísimo noviazgo con mi anterior marido, con quien no conviví hasta después de volver de nuestro viaje de novios, podría decirse que durante mis primeros treinta y cinco años de vida, y sin tener ningún tipo de presión familiar o religiosa que me obligara a serlo, yo había sido en estos asuntos del amor una persona extrañamente conservadora y tradicional.

Supongo que ya el hecho de volar a otro continente sin mi marido unos años antes fue una señal de que esa «rectitud» autoimpuesta se estaba resquebrajando, no lo sé. O quizá este giro radical se debiera a que en Estados Unidos perdí, por primera vez, completamente la cabeza por amor. Lo único que sé es que, de un día para otro, dejé de ser una persona cauta, planificadora y miedosa en muchos sentidos y me lancé a la piscina, pensando que si el miedo al riesgo no me había traído más que miserias emocionales hasta ese momento, quizá pasarme al «lado salvaje de la vida» me regalara la felicidad.

Con Yankimarido seguí viviendo en Miami, su ciudad natal, seis años más y él fue quien me dio la luz que iluminó todo el camino que yo llevaba andado hasta entonces. Por él decidí volver a animarme a escribir, e incluso me apunté a un par de cursos de escritura creativa.

Producto de mi afición a la escritura, había nacido un blog ya años antes. Lo comencé, de hecho, la misma semana en la que me mudé a Miami, y en él narraba mi experiencia en Estados Unidos, mis primeras impresiones y anécdotas desde el momento de aterrizar. Sin embargo, terminé abandonándolo cuando mi primer matrimonio terminó y yo fui consciente de que todo lo que había escrito allí era producto del llamado «postureo», de mis ansias de demostrar a terceros que mi vida, en general, y mi vida de pareja, en particular, aunque a distancia, era perfecta, cuando lo cierto es que aquello distaba mucho de ser realidad.

Pero, en el año 2017, animada por esos cursos de escritura creativa, abrí un nuevo blog. Esta vez, escarmentada, menos enfocado en mi vida personal y más en todos los obstáculos y absurdas situaciones con los que me había ido topando por sorpresa en este país.

Decidí, además, comenzar a promocionar el blog a través de Instagram con mi cuenta «@alo_miami», para que lo leyeran también desconocidos y no solo mis allegados. El nombre —Aló Miami— surgió del cachondeo que se traían mis padres con mi nuevo lugar de residencia, al principio de todo. Cuando veían en la pantalla de su teléfono que les llamaba desde Estados Unidos, empezaron a contestar, en vez de con el habitual «¿Diga?», con un «¿Aló?, ¿Aló Miami?» al más puro estilo cubano.

Yankimarido, al ser estadounidense y también endemoniadamente inteligente, me comenzó a explicar muchísimas cosas que yo, hasta entonces, a pesar de llevar ya varios años asentada en el país, no había comprendido. Y del afán de querer compartir mis aprendizajes con otras personas a quienes les pudieran servir o parecer interesantes, nació mi contenido en redes. Además, no os voy a mentir, yo soñaba con la posibilidad de que mi cuenta se hiciera lo suficientemente grande como para que las marcas me mandaran víveres españoles. Porque, aunque en Miami se encuentran muchos productos *made in Spain*, son productos *gourmet* que se venden en tiendas muy específicas, en el mejor de los casos. Y, por último, decidí que no solo contaría cómo era mi vida en Estados Unidos, sino que contaría como era LA vida en Estados Unidos. Harta de ver cómo otros perfiles mostraban solo maravillas, yo me propuse mostrar toda la realidad. Con sus cosas buenas y con sus cosas malas. Era necesario desmitificar Estados Unidos.

Cuando cumplí treinta y ocho años, en mayo del 2019, Adam me regaló un micrófono y me insistió en que lanzara mi propio pódcast. Prometió ayudarme y encargarse de editarlo, a pesar de no saber demasiado español. Y así fue. Cuando escribo estas líneas, llevamos ya más de cien episodios publicados. Ahora él habla mi idioma bastante mejor y me entiende perfectamente cuando le hablo en castellano gracias, precisamente, a tantas horas obligado a escucharme para la posproducción.

En el año 2020, la terrible pandemia nos trajo algunas cosas buenas, como que mi trabajo en una agencia de marketing de Florida pasara a ser en remoto, y también algunas cosas malas que, aunque en su día nos agobiaron muchísimo, terminarían, con el tiempo, convirtiéndose en buenas noticias también. En resumen, el trabajo de mi marido en una empresa de promoción de eventos filantrópicos desapareció, nos quedamos con un solo sueldo —el mío— en casa y eso nos llevó a abrir nuestro canal de Patreon, una plataforma de contenido por suscripción.

Dos años más tarde, con el Patreon ya consolidado como su nuevo trabajo, y que nos proporcionaba un sueldo estable más, tomamos la decisión de vender todos nuestros bártulos y mudarnos de estado solo con lo que nos cupiera en el coche. Y así, en marzo del 2022 dijimos adiós a Miami y al sur de Florida y nos trasladamos a la ciudad de Chattanooga, en el estado de Tennessee.

Este libro es una pequeña recopilación de experiencias vitales que, aun sabiendo que cada quien tiene su propia historia personal, con detalles únicos e intransferibles, espero que ayuden al lector a comprender cómo es este país de complejo y cómo es decidir ser emigrante cuando quizá la necesidad no es tanto económica como emocional. Intentaré transmitir en las siguientes páginas cómo de paradójico es haber podido encontrar la felicidad en un país en el que siempre me había visto reflejada como si fuera un inmenso espejo, pero que solo al acercarme mucho he podido ver que la imagen que da está distorsionada porque está roto en mil pedazos. Y cuidado con acercarse demasiado, porque te puedes llegar a cortar.

MI SUEÑO AMERICANO

Se dice que hay que tener cuidado con lo que se sueña, porque, a veces, se cumple. Mi sueño desde la adolescencia había sido siempre irme a vivir a Estados Unidos.

Mi sueño, al igual que este inicio, no era muy original. De hecho, ya tenía nombre desde antes de que yo lo soñara: «el sueño americano». Aunque para mí el sueño americano tenía un componente de éxito al que yo personalmente nunca aspiré. Que te descubran en el metro de Nueva York y te hagan supermodelo, o triunfar en Hollywood, o abrir una empresa con cuatro perras y hacerte rico. Para mí, ese era «el sueño americano» tradicional. Y en mi sueño americano sin grandes ambiciones yo solo quería una vida tranquila, como la de las familias con las que me alojaba durante el verano cuando mis padres me enviaban a Estados Unidos. Yo quería una casa, en vez de un pisito. Un jardín grande donde corrieran mis perros. Un todoterreno automático. Cenar en familia a las siete de la tarde y hacer tortitas los domingos. Un ambiente laboral que me supusiera un reto, pero que fuera también divertido y, en cierto modo, más relajado, sin los ERE ni los ERTE. Quería hablar en inglés, que para algo lo había aprendido. Y quería, sobre todo, salir de España, salir de Madrid, irme a un lugar que fuera más amable, más cómodo, más próspero, con una economía más estable, con menos cicatrices, con menos crispación. Ese era «mi sueño americano» particular. Mi fantasía de que, al otro lado del charco, me esperaba un mundo mejor.

Pero, aunque Estados Unidos se jacte de ser tierra de inmigrantes, no te recibe con los brazos abiertos. Al contrario, los mantiene bien cruzados y eres tú quien, con tu esfuerzo y también con mucha suerte, los tienes que ir abriendo.

En el año 2008 vi cómo una compañera de la agencia de medios publicitarios en la que trabajaba conseguía el traslado a las oficinas de Nueva York desde Madrid. Yo me había casado dos años antes con mi novio de toda la vida y no me atreví ni a decir en la oficina que a mí eso también me interesaba, pero me dio mucha envidia porque yo ya estaba intentando por mi cuenta hacer algo similar.

Meses más tarde fui a verla a Nueva York. Vivía en un piso diminuto y viejísimo en un edificio que se caía a pedazos en el Lower East Side de Manhattan. Me contó que había tenido que conseguir ser avalada por un estadounidense para que se lo alquilaran sin tener que pagar todo el año por adelantado. Tenía que caminar dos manzanas con su bolsa de la ropa sucia para poner la lavadora cada semana. Trabajaba muy cerca de Times Square y me acerqué a visitar las oficinas. Ella pasaba ocho horas al día en un cubículo cerrado completamente por una especie de paneles de moqueta verde desde donde no veía ni oía a nadie a su alrededor en todo el día. Lo que hacía allí no era ni la mitad de creativo o estratégico que su anterior trabajo en Madrid, pero estaba en Nueva York, en la ciudad más difícil. Por algo dicen que si logras tener éxito allí, lo puedes lograr en cualquier sitio. Me contó que ella —tan buena persona, extrovertida y simpática como era— no había sido capaz de hacer ni un solo amigo, alguien con quien tomar algo al salir de trabajar. Incluso comer en la oficina con algún compañero o parar unos minutos para tomarse un café con alguien le estaba resultando complicado. Su novio, un estadounidense que, irónicamente, vivía desde hacía unos años en Madrid, se había negado en rotundo a acompañarla en esa aventura. Sin embargo, en una visita fugaz ella se quedó embarazada. «Yo me vuelvo —me dijo, mientras se acariciaba la barriga—. Me vuelvo con él a Madrid. Yo aquí sola no paro ni de coña, muchacha.»

Al día siguiente, mi entonces marido llegó a Nueva York y yo cambié el sofá cama de mi amiga por una habitación en el hotel Four Seasons. Fuimos de compras por el SoHo y vimos un musical en Broadway. Y nada, absolutamente nada de la experiencia negativa de mi amiga me desanimó para seguir viéndome a mí misma teniendo una futura vida fabulosa en Estados Unidos. Quizá ella había tenido mala suerte. Quizá no había sabido jugar bien sus cartas. Quizá no era para tanto lo de los amigos. Quizá Nueva York no fuera la mejor ciudad. Quizá yo disfrutara más de la soledad que la comía a ella. Quizá...

Además, cuando volvió de Estados Unidos, terminó consiguiendo un trabajo muy superior al que habría podido acceder sin contar con esa aventura americana suya. Es más, aquel trabajo anodino en Times Square se convirtió mágicamente en la experiencia más valiosa de su currículo, ya que luce muchísimo haber trabajado en NYC, en «primera división», y quien te contrata luego en España te imagina presentando estrategias a grandes directivos a todas horas en una sala de reuniones acristalada con sillas de cuero del bueno, y no picando datos en un cubículo forrado de moqueta verde.

Es decir, que en mi cabeza mi sueño americano no tenía fisuras: yo lograría tener una vida infinitamente más feliz en Estados Unidos que en España. Y en caso de que no funcionara, por lo que fuera, siempre podía volver a Madrid triunfal, con trabajos a patadas y sueldo de directivo. Lo había visto y era posible. Ahora solo tenía que conseguirlo.

Je.

CINCO AÑOS DE INTENTOS

A pesar de que yo había hecho justo ese año entrevistas para un trabajo en Nueva York (que finalmente no conseguí), en el momento en el que volví de aquel viaje eliminé la gran ciudad de mi lista de preferencias. Seguí enviando currículums sin parar, sobre todo para trabajar en Boston, intenté conseguir becas para estudiar un máster, me informé de cómo conseguir ser profesora visitante. Me cambié de empleo en Madrid a otra multinacional también con oficinas en Estados Unidos, ya que sabía que existía la posibilidad de conseguir un visado tipo L desde esa posición tras llevar un año contratada. Pasé de trabajar para una marca de coches de lujo a llevar la publicidad de una cadena de supermercados, y el trabajo era un auténtico peñazo. Pero nada más cumplir mi primer aniversario comencé a moverme. Hablé con Recursos Humanos. Les dije que me quería ir a otro país. No me hicieron mucho caso. Insistí. Como no parecían de gran ayuda, comencé a buscar por mi cuenta. Encontré una oferta laboral de *Account Manager* en la oficina de Chicago. Hice unas cuantas entrevistas telefónicas que fueron muy bien y convencí a mi padre, que se acababa de prejubilar, y a mi tía C. para viajar los tres a esa ciudad. Podríamos hacer turismo y, ya de paso, yo podría pasarme por la oficina y conocer a la persona que me había estado entrevistando. Se llamaba Paul y, quién sabe, podría llegar a ser mi jefe.

En Chicago, una ciudad que no conocía hasta ese momento, me encontré con un Nueva York más limpio. Una ciudad inmensa y preciosa. Unos rascacielos imponentes. Un río y un lago alucinantes. Los museos, una auténtica maravilla. Esculturas enormes para disfrute de todos en muchas calles, parques y plazas. Cientos de opciones para comer. Transporte público. Mucha vidilla.

Cuando llegué a la oficina, diminuta en comparación con la de Madrid, conocí a Paul y él me presentó a todo el mundo. Se respiraba un ambiente muy distinto, mucho más familiar. Los compañeros tenían pelotas de béisbol firmadas al lado de las fotos de estudio de sus hijos enmarcadas sobre sus mesas. Paul era un hombre poco más mayor que yo y encantador. Hacía frío, porque ya estaba comenzando el mes de noviembre, pero, como él dijo, aún era solo frío normal, no «frío miserable», que es como llaman ellos allí a las temperaturas de -20 grados centígrados.

El proceso de selección fue eterno porque la agencia estaba pendiente de saber si mantendrían o no una gran cuenta. Y, después de casi media docena de entrevistas, la decisión estaba entre un candidato estadounidense y yo. Paul siempre fue muy sincero y me llamó para decirme que, sintiéndolo mucho, se iban a decantar por esa otra persona. «No sabes cómo entiendo que quieras venirte si no estás a gusto en tu país. Yo mismo soy de Texas y estaba deseando salir de allí. Pero el esfuerzo y la inversión que implica ponerte al día en el mundo de los medios publicitarios en Estados Unidos es mucho mayor que si contratamos a un profesional local.» Era perfectamente comprensible. Yo no solo no conocía el mercado de los medios de comunicación estadounidenses, es que ni siquiera me podía hacer la más remota idea de lo complejísimo que es el mundo de los medios de comunicación estadounidenses.

Tras la negativa de Paul, me quedé sin la posibilidad de vivir mi sueño americano en Chicago. Nunca me familiarizaría con esos rascacielos enormes ni con el río, no le cogería cariño a la *deep dish pizza* ni me haría experta en comida polaca, ni fan de los Bulls, ni de los Cubs, ni de los Bears. Nunca tendría que coger ese metro que transcurre por el exterior, ni limpiar el hielo del parabrisas de mi coche con un rascador.

Unos dos meses después de mi intento fallido en Chicago, un compañero de mi oficina que trabajaba en el departamento de cuentas internacionales y que sabía que yo buscaba desde hacía años desesperadamente el traslado, me escribió un sábado este mensaje:

«Belén, siento no habértelo dicho, ha sido todo tan rápido... Vi que en la oficina de Miami estaban buscando a alguien específicamente de Europa. Mi jefa en Madrid me echó una mano hablando bien de mí, así que me han pagado un vuelo para hacer una entrevista en persona... Estoy ahora en Miami, tía. Y me han hecho una oferta increíble. Espero que no te enfades, ha sido todo rapidísimo...»

Yo tragué saliva y le dije que me alegraba mucho por él. Recuerdo que cuando leí aquel mensaje estaba encerrada en el cuarto de baño de mi piso, hipando por otros motivos bien distintos. Aquel fin de semana, mi casa era el infierno.

Volví a coger el teléfono y le escribí un segundo mensaje: «¡Claro que no me enfado! Pero si tú te vas a Miami, ¿podrías hablar con tu jefa para que yo ocupe tu puesto en el departamento de cuentas internacionales en Madrid que dejas vacío?»

Si él lo había conseguido desde allí, yo podría ser la siguiente. Aquel equipo era mucho mejor que el mío. Incluso si no podía salir del país desde allí, era un buen movimiento dentro de mi empresa. Tendría clientes en otros países. Pasaría de planificar campañas de ofertas de supermercado a hacer estrategias para promocionar campañas de oficinas de Turismo de otros países en España, de aerolíneas, marcas de lujo, de hoteles. Mi compañero me ayudó. Y aquello no fue un ascenso, pero sí una mejora. Y yo sentí que estaba un paso más cerca de mi sueño.

Pasaron dos años más y he de decir que, profesionalmente, yo fui feliz en aquel puesto de trabajo. Las cuentas eran una maravilla. Mi nuevo equipo era fantástico. Bajábamos todos juntos a desayunar cada mañana. No solo éramos compañeros, éramos amigos. Viajé por trabajo a Alemania, a Francia, a Italia... Fueron buenos tiempos. Lo pasábamos muy bien. Yo me apunté a clases de francés y entre eso, el gimnasio, al que empecé a ir a todas horas, y que empecé a dar clases particulares de inglés a alumnos varios a raíz de que nuestra hipoteca se disparara, la verdad es que yo pasaba muy poco tiempo en casa. Muy poco. El mínimo.

Mi matrimonio era un tira y afloja que dependía del estado emocional de mi marido. Cuando tenía un mal día o le llevaba la contraria, gritaba como un poseso, pegaba puñetazos y patadas a lo que tuviera más a mano, rompía cosas y, si estaba conduciendo, aceleraba el coche hasta el infinito y se pegaba todo lo posible al de delante solo por sentir mi miedo en el asiento del copiloto. Yo aún no era ni siquiera consciente, pero le tenía verdadero terror. Terror a enfadarle durante el día y terror a atraerle por la noche, hasta el punto de que me acostumbré a desnudarme para cambiarme de ropa siempre en el baño, a pestillo cerrado. Con él, una nunca sabía. A veces era muy celoso y otras, todo lo contrario. A veces era muy cariñoso y otras era un puto monstruo. A veces decía que me quería muchísimo y otras veces era capaz de dejar de hablarme durante dos días porque me había bebido el último refresco de la nevera y no había ido a la tienda a reponer para él. A veces nos subíamos a la sierra de escapada o a pasar el día con las perras y éramos muy felices. Pero en cualquier momento se activaba esa bomba que él llevaba dentro y saltaba todo por los aires. Y podíamos pasar del día bucólico en las montañas a obligarme a salir del coche, en un arrebato de ira, y dejarme tirada en plena carretera.

Obviamente —o quizá no sea tan obvio— yo nunca dije nada de esto a nadie. Él ya era así antes de casarnos y ni siquiera me paré a pensar en que quizá las cosas en mi matrimonio no fueran del todo bien. Que quizá lo de aprender a maquillarme los ojos para que no se notara que estaban hinchados de la noche anterior no fuera lo más normal del mundo. Que quizá en vez de llorar y tener ataques de asma en la cama lo que tendría que estar haciendo sería gemir de placer. Nunca pensé más allá, aunque ahora me cueste reconocerlo y aún me sienta, a ratos, una imbécil integral. Al contrario, es que yo presumía a todas horas de tener una relación perfecta, un marido ideal. Y lo que es peor, me lo creía. Me lo creía de verdad. Porque aquel hombre que me hacía sentir miserable a veces era un auténtico encantador de serpientes. Podía ser maravilloso en muchas ocasiones y tenía una facilidad enorme para hacerme sentir afortunada en su compañía. Me hacía regalos constantemente. Me mandaba flores a la oficina. Cocinaba muy bien y, aunque era yo quien hacía la cena siempre en casa, a veces él me preparaba el táper con todo primor. También hacía, en ocasiones especiales, flanes y tartas para que las llevara al trabajo y pudiera compartir. Así, todo mi entorno siempre me repetía, una y otra vez, que yo tenía en casa a un hombre excepcional, me preguntaban que cómo lo había engañado, exclamaban que qué suerte tenía, me preguntaban si no tendría un hermano.

Llegué a pensar que estaba loca por querer irme tan lejos de su lado. Pero es que él, además, me decía que me apoyaba al cien por cien. Que, si ese era mi sueño, adelante. Que yo le había apoyado a él en su sueño —el de estudiar Enfermería primero y después Medicina, a pesar de estar ya casado y tener que compatibilizarlo con trabajos y vida familiar— y que ahora le tocaba a él apoyarme a mí. Veía, de hecho, mi sueño de vivir en Estados Unidos como un proyecto en común, porque él también quería irse. «Tú vas yendo primero y, en cuanto termine la carrera y los exámenes que necesito para ejercer yo también allí, me voy contigo.» Y yo me lo creía y fantaseaba. Aunque también sabía, en el fondo siempre lo supe, que eso sería prácticamente imposible. Ni él hablaba inglés lo suficientemente bien como para aprobar esos exámenes, ni sería capaz de hacer la residencia en Estados Unidos, ni en Miami ni en ningún sitio. Pero tampoco quise pensarlo mucho, me quedé con la historia en abstracto, con el «ya veremos cómo lo hacemos». Y, por mi parte, seguí enviando currículums, probando suerte en la lotería de visados y solicitando becas sin parar.

Un día me enteré de que aquel compañero que se había ido a Miami iba a dejar la empresa para mudarse a San Francisco. Era la ocasión perfecta. Siendo yo la persona que le había sustituido a él en Madrid y que nos conocíamos por haber sido compañeros en otra empresa anterior, tenía literalmente su mismo currículum. Mismos años de experiencia, mismo nivel de inglés, misma edad. Lo único que nos diferenciaba era el género y que yo era casada y él soltero.

«Belén, me dicen que no te pueden pagar un vuelo para venir a una entrevista personal ahora mismo, pero hagámoslo todo por Skype.»

Una primera llamada con Recursos Humanos. Otra después, con mi compañero y su jefa, donde todo fue de fábula... Hasta que llegó el momento en el que mi compañero preguntó: «¿Y cuál es tu plan a nivel personal, Belenchu? Porque tú... tú estás casada».

—¿Mi plan? Ninguno. ¿Por? Yo voy primero y mi marido, de momento, se queda en España.

—Pero... ¿cómo? ¿Y no querrás volverte en cuanto veas lo que le echas de menos?

—No. Él tiene su vida y yo tengo la mía. Él está estudiando Medicina ahora, le ha costado muchísimo conseguirlo y tiene aún que terminar. Cuando termine su carrera y pueda convalidar sus estudios, se vendrá. Pero, en cualquier caso, el plan es ir yo primero, lo tenemos hablado ya.

Pasaron los días y no me decían nada. Al final, después de mucho preguntar, recibí otro mensaje de mi compañero: «Belenchu, perdona que no te dijera nada. Al final va a sustituirme otra persona, una chica francesa que vive en España ahora, muy maja. Les gustaste un montón, pero es que no les dio muy buena espina lo de tu marido, ¿sabes? A ver si te van a formar y luego vas a volverte por amor...».

Ahí lloré otra vez, esta vez de rabia. De rabia de que mi propio compañero fuera quien me la jugara. De rabia de que no se me diera la oportunidad de ser independiente. De rabia de no estar soltera, ser hombre y hacer lo que me diera la gana.

Pero, pasados unos meses, ni él ni su jefa estaban ya trabajando en la compañía y yo seguía muy pendiente de las oportunidades en las oficinas de Estados Unidos. En el verano del 2013 volvió a salir una vacante para la oficina de Miami. La oferta era, sin embargo, para un puesto inferior. Aunque pedí las mismas condiciones que había tenido mi compañero cuando él empezó en Miami dos años antes, en esa misma posición, me dijeron que ni hablar, que él «había sido una excepción». Que ni su salario, ni su bonus, ni sus billetes a España por Navidad entraban dentro de mi oferta.

El trabajo era infinitamente peor que el que yo tenía en aquel momento, con herramientas de medición de audiencias que estaban a años luz de las que utilizábamos en Madrid, ya que desde Miami se llevan campañas publicitarias para clientes que están interesados en tener presencia en Latinoamérica de forma panregional y aquello era un circo. Pero yo eso aún no lo sabía. Desde Madrid no podía imaginarme que en el ámbito profesional iba a pasar del primer mundo al tercero. Mi antiguo compañero había estado pintando su vida en Miami como un triunfo total, aunque luego supe que se calló mucho porque a él le pesaba más aparentar que había triunfado en las Américas que contar lo que había vivido en realidad.

No sabía aún muchas cosas. Pero lo que sí sabía en ese momento era que yo ya tenía treinta y dos años y que estaba dispuesta a retroceder de puesto para aprender desde cero con tal de volar por fin. Corrían tiempos difíciles y en mi empresa estaba habiendo muchos despidos. Tantos que comenzamos a temer los «viernes negros». Si sonaba tu teléfono un viernes y quien llamaba era Recursos Humanos, eso significaba que estabas despedido. Y nunca tenían demasiado sentido esos despidos: dejaban que se marchara gente muy válida mientras que otros que no hacían nada seguían calentando su silla. No se podía saber quién sería el siguiente. Mi departamento se sostenía, pero no era particularmente rentable y teníamos miedo. Eran tiempos muy jodidos. Algunas personas que, por edad, pudieron plantearse la prejubilación, se marcharon voluntariamente, con una buena indemnización. El año anterior, nos habían dado ocho días de ERTE sin empleo y sueldo para recortar gastos. Iban las cosas muy mal. Y en esa situación laboral estaba cuando me encuentro con esa oportunidad en Miami. El sueldo anual que me ofrecían, en dólares, seguía siendo un pelín superior al que tenía yo en Madrid en aquel momento y me prometieron «regularizar mi situación», es decir, ascenderme para devolverme la categoría que tenía en Madrid, en cuestión de un año, como habían hecho con mi compañero. El seguro de salud que me ofrecían al parecer era fantástico, de lo mejorcito que existía allí. Negocié mantener los mismos días de vacaciones que en España, además de los festivos de Estados Unidos. También me pagaban mi mudanza para que pudiese llevarme mis muebles y el billete de avión de ida para mí y para mi acompañante.

Mi trabajo consistiría en planificar en medios la publicidad de una serie de marcas de lujo, con campañas en toda Latinoamérica. Claro que sí, claro que quise firmar. Podía coger una excedencia en Madrid, aunque me advirtieron de que, en realidad, tendría que firmar mi finiquito y, en caso de volver en los siguientes dos años, no me podrían garantizar mi puesto anterior de forma inmediata. Pero, en caso de contratar a alguien de mi posición, yo sería «la primera de la lista de candidatos». En realidad, no estaban contratando a nadie por aquella época. Al contrario, estaban despidiendo sin parar. Pero a mí eso no me importaba. Si me iba, era «para siempre». Allí, en Miami, estaban contratando y creciendo como locos, y esa estabilidad era lo que yo buscaba.

Si a nivel laboral las cosas se habían puesto un tanto complicadas en Madrid, a nivel personal, el enredo era, para entonces, aún mayor. A lo tonto, ya llevaba siete años casada. Durante uno de ellos vivimos separados e hicimos una terapia (o mejor dicho la hice yo de forma individual), que no sirvió de nada. Volvimos juntos cuando él quiso. Hubo cosas que fueron a peor, pero de cara a la galería todo funcionaba. Mi orgullo me impedía presentar mi matrimonio como un fracaso y no era capaz de ser sincera ni con mis amigos. Continué yendo al psicólogo que, en vez de ayudarme a salir de aquello, me enseñó a no molestar. «Si te grita es porque has activado un resorte. Mejor no le recrimines nada y ya verás como todo mejora. Si te molesta que no haga algo, hazlo tú y ya está. Tú desahógate aquí y no digas nada en casa.» Aprendí a no enfadarle más. O a no enfadarle tan habitualmente. Y llegué a pensar que, por fin, había conseguido tener un buen matrimonio, pero en realidad es que un día dejé de luchar. Pasé por alto muchas mentiras y malos tratos. Comencé a premiarle por todo lo que hacía bien en vez de quejarme por todo lo que hacía mal. Seguí presumiendo de marido ante los demás. Y me convencí de que estar a su lado, como siempre me repetía él mismo, era lo mejor a lo que yo podía aspirar.

Con la oferta de Miami en la mano, ahora no tenía ni idea de qué sería de nuestro futuro. Ni de cómo sería mi vida con un matrimonio a unas diez horas de vuelo de distancia. Pero me pareció mucho más atractiva la idea de lanzarme a ese abismo y saber que nos veríamos un par de semanas dos veces al año que la de seguir con él igual. Disfracé la frustración de no tener una relación de pareja lo suficientemente sólida como para tomar esa decisión en bloque con la fantasía de que nuestra relación era tan fuerte que cada uno podíamos cumplir nuestros sueños de forma individual. El suyo era ser médico, sin importarle dónde o cómo. El mío era irme a vivir a Estados Unidos, sin importarme cuándo ni con quién.

¿Miami? Por qué no. A siete mil kilómetros de distancia, tanto de los teléfonos que te pueden amargar cualquier viernes en la oficina como de las peleas en casa. Miami me sonó a calma, a sol, a playa, a brisita marinera, a Julio Iglesias vestido de lino blanco, a buena comida cubana. Y a libertad también. Al fin y al cabo, ¿no me estaba yo yendo a *the land of the free*?
  Y también a *the home of the brave*.

En aquella época mucha gente me dijo que estaba siendo muy valiente. Pero, en realidad, fue todo lo contrario. Yo me fui para no tener que lidiar con la vida que llevaba en España. Lo valiente habría sido no haberme casado con aquella persona que me hacía llorar a todas horas por miles de motivos. O haberme divorciado mucho antes. O, por lo menos, haber sabido ver esta oportunidad para separarme de él no solo física, sino emocionalmente. Para decirle «ahí te quedas, que yo me voy a Estados Unidos y allí no te espero». Pero no hice nada de eso. Yo me fui llorando, ciegamente enamorada aún de él. Yo había construido una vida, a mi juicio, perfecta:

había sido la primera de mis amigas en celebrar un bodorrio y en meterme en una hipoteca. Vivía en una casa muy bonita, con mis dos perras preciosas y un marido muy guapo, trabajador, inteligente, capaz de sacarse tres carreras. Sabía que echaría de menos todo aquello. Sabía que echaría de menos también mi oficina y me dolía hasta tener que dejar de dar las clases particulares de inglés a mis alumnitas en mi tiempo libre. Sabía que echaría de menos a muchas personas, animales y cosas. Pero también me decía que, si estaba dispuesta a cambiar todo eso que tenía por agarrar una carta de esas de SUERTE en el Monopoly, es que no me importaba tanto que me pudiera tocar pagar o que me enviara a comenzar de nuevo a la casilla de salida.

3

MI PRIMERA VEZ. Y MI SEGUNDA

Yo solo había pisado Miami una vez en mi vida antes de coger un avión de solo ida e irme a vivir allí. Fue durante el verano de 1996, cuando tenía quince años. Aquel verano, mis padres me mandaron por primera vez a estudiar inglés a Estados Unidos: dos meses a Florida, en la zona noroeste, a un pueblo que se llama Spring Hill. Fui con mi amiga Elena, de mi edad, y fingíamos ser primas para que nuestras familias nos dejaran vernos más, e incluso pasamos unos días en la misma casa, con su *family*, que era lo más. Annie y Dan eran un matrimonio joven, de unos treinta años, sin hijos, sin un duro y sin mucha cultura, pero con un gran sentido del humor. Tenían una casita pequeña, de solo dos dormitorios y un baño con la cortina de ducha que más asco me ha dado jamás. Dormían en una cama de agua en vez de en un colchón normal. Recuerdo entrar juntas a su cuarto cuando ellos no estaban en casa y saltar las dos al colchón ondulante, rebotar y caernos al suelo muertas de la risa. Volver a trepar a él y tumbarnos boca arriba, tronchadas de risa, mientras el colchón nos mecía. Repetíamos «¡cómo mola, tía, cómo mola!» hasta que dejaba de molar porque nos mareábamos y nos dolía la tripa. Pasábamos del «¡cómo mola!» al «pero ¿cómo demonios podrán dormir aquí?» en cuestión de unos minutos. Desmitificando las camas de agua.

Annie, la «madre» de mi amiga Elena, era de Nueva York y, como todos los neoyorquinos que viven en Florida, todos,

se sentía de la *city* a muerte, exageraba su acento de Brooklyn
y no tenía ni una sola camiseta o calcetín donde no apareciera
NYC por algún sitio. Justo por esas fechas, su equipo de *baseball* del alma, los New York Mets, jugaba contra los Florida
Marlins en Miami. Los Marlins eran un equipo nuevo, que
solo llevaba un par de temporadas en la liga, y la cosa prome-
tía ser emocionante. Había que ir a ver ese partido sí o sí.
Teníamos que bajar a Miami.

Miami quedaba a cinco horas en coche, sin paradas, y éramos cinco personas muy apretadas en un *jeep* Wrangler de
esos rústicos de capota de lona y banqueta a pelo. De aquellos
que no tenían reposacabezas traseros, ni maletero, así que llevábamos todas las bolsas sobre las piernas. Nos hablábamos a
voces porque, como la capota era una telilla, el ruido cuando
estábamos en marcha era infernal. Sin lugar a dudas, muy lejos
de lo ideal para viajar en familia. Pero Elena y yo íbamos fas-
cinadas.

Lo conducía una amiga del matrimonio, y de copiloto,
Dan, que tenía las piernas más largas. Detrás íbamos Elena y
yo con Annie, que no paró de leer en todo el trayecto un libro
forrado con una funda azul.

—¡¿Qué lees?! —voceé.

—¡La Bibliaaaaaaa! ¡¿La has leídooooo?!

Me dejó muerta.

—¡¿La Biblia?! ¡Hombreeeeeeee, síiiiiiiiiiii, en el cole-
giooooooooooooooooo! —me reí, pero ella estaba bien seria.

Yo volví a la carga.

—Ya, pero... ¡¿Por qué te estás leyendo ahora la Bi-
bliaaaaaaaaaaaaaaaaaaaaa?!

Me miró y giró el libro hacia mí, enseñándome las páginas, que estaban todas subrayadas.

—¡Porque cuando me la termiiiinoooo, la vuelvo a em-
pezaaaaaaaaaaaaaaaar! ¡Esta es la sexta vueltaaaaaaaaaa!

Me giré hacia Elena y, sin decir ni mu, con una mirada de
ojos como platos le pregunté «pero, tía, ¡¿tú sabías esto?!». Y

ella, con otra mirada seria y un levantamiento de la ceja derecha, me dijo: «Sí, tía. Tú déjalo ahí...». No teníamos la mejor acústica para una conversación más larga, así que le hice caso y ahí quedó esa conversación sin acabar, aunque yo tuviera tres millones de preguntas.

Entre que no podíamos hablar entre nosotras y que paramos ochenta veces, el trayecto se me hizo eterno. Que si vamos a parar a llenar el depósito. Que si compramos unos dónuts. Que si ahora rellenamos el termo de café. Que si tenemos que volver a echar gasolina. Que si ahora necesito estirar las piernas...

Pero, al llegar a los Everglades, se acabaron las paradas. Durante millas y millas y millas el trayecto era una carretera recta acotada por dos verjas muy altas que protegen a los conductores de los animales y a los animales de los conductores. No se podía parar, pero tampoco estaba permitido correr con el coche, por si un «bicho» —ya sea un caimán, una pantera o un oso (!)— salía a saludarnos. A mí todo aquello me recordaba peligrosamente a Parque Jurásico. «Ahora es cuando se nos pincha una rueda, paramos y nos come un oso, que ya sería mala suerte, porque osos en los Everglades deben de quedar dos o tres. O cuando se nos atraviesa un caimán en la carretera y, por esquivarle, damos tres vueltas de campana...» Yo ya me veía en lo peor. Y la pila de mi *walkman* parpadeando amenazante con acabarse. Un estrés mortal.

Y cuando ya no me podía doler más el culo en aquella banqueta, cuando era ya de noche cerrada, cuando Annie ya iba, linternita en mano, por la séptima vuelta de lo suyo... por fin llegamos a Miami. Yo pensé que sería una ciudad grande, luminosa, con olor a playa, con muchos rascacielos, grandes palmeras y chicas en patines. Pero era de noche, estaba oscuro, no había un alma y nuestro hotel estaba en el extrarradio, así que nuestra llegada no tuvo nada de espectacular. Vimos, desde el coche, unas casitas bajas decrépitas, calles vacías, alguna gente rara.

—Pues yo me imaginaba que Miami era otra cosa, tía. ¿Tú vivirías aquí? —me preguntó mi amiga Elena, mientras se bajaba del *jeep* de un salto.

—¡Qué dices, tía! —contesté yo—. Para nada.

Diecisiete años, dos meses y trece días más tarde, incumplía mi palabra. Llegaba a Miami, también cansada del viaje, aunque el asiento del avión había sido bastante más cómodo que el de aquel *jeep*. Y esta vez no iba a ver solo un partido de *baseball*. Esta vez llegaba para quedarme. Me acompañaba mi padre. Aunque el billete pagado por mi empresa se suponía que era para mi marido, me dijo que él tenía mucho lío con tantos estudios y tantos trabajos, y mi padre, que ya tenía todo el tiempo del mundo, se ofreció a ocupar su sitio. En aquel momento no le di muchas vueltas: casi mejor que viniera mi padre, él era perfecto para ayudarme a colgar cuadros, montar muebles, buscar piso. Mi padre no se cabrearía, ni me obligaría a hacer nada que yo no quisiera. Ahora lo pienso y aquello fue otra señal más de que, en aquel mes de octubre del 2013, yo era una mujer tan «felizmente casada» que había querido irme sola a ser «más feliz» en Estados Unidos. Y no tenía ni idea de que iban a ser necesarias todas esas comillas.

4

EL MIAMI DE AYER... Y EL MIAMI DE HOY

Cuando llegué a Miami, lo primero que me sorprendió fue la humedad y el calor. Sales del aeropuerto y... ¡plas!, una bofetada de aire caliente, como cuando entras en un baño turco. Es muy diferente al bofetón de calor en Las Vegas, por ejemplo, que sería más tipo sauna finlandesa. En Miami sientes que necesitas lavarte la cara constantemente y que, a no ser que tengas el pelo lacio o recurras a un tratamiento de queratina, tu sino es vivir con el pelo crespo para siempre.

Pronto aprendí también que, a pesar de que el calor es pegajoso, tienes que llevar un pañuelo o chaquetilla en la mano porque el aire acondicionado está tan fuerte dentro de los sitios que puedes pillar un catarro. De hecho, mucha gente, al llegar por primera vez, termina con dolor de garganta. Las recepciones de los hoteles, los centros comerciales y los restaurantes se mantienen en temperaturas al mismo nivel que el pasillo de los congelados de cualquier supermercado. Y el pasillo de los congelados del supermercado es ya, directamente, el Polo Norte. En Versailles, el legendario restaurante cubano que, desde los años setenta, sirve de lugar de reunión para los exiliados cubanos de Miami, puedes ver a los camareros servirte la tradicional ropavieja o un delicioso flan de coco con la sudadera puesta encima de su uniforme, porque se hielan hasta ellos, que se están moviendo.

El Versailles es parada obligatoria para el turista en Miami y reflejo de la ciudad. Es un restaurante grande y feo, francamente feo, con la estética de un salón de bodas de los años ochenta que quiere ser francés pero que solo ha visto Francia en las postales. Allí, familias cubanas refinadas, de las de señoras con piel de porcelana empolvadas y de peluquería que echan pestes de todo lo que no sea el republicanismo más conservador, celebran sus eventos familiares junto a un buen puñado de turistas. El español es el idioma oficial en Versailles, que se pronuncia tal y como se escribe. De hecho, el español es el idioma más común en Miami. Oficial no podemos decir que lo sea, ya que en Estados Unidos no hay lenguas oficiales. Pero tanto en el aeropuerto como en todos los edificios gubernamentales, te encuentras los carteles en los tres idiomas más comunes de Miami: el inglés, el español y el criollo haitiano.

Esto es muy diferente a otros sitios, aún dentro de Estados Unidos. Por ejemplo, en Minnesota puedes encontrarte algunos carteles en somalí y hasta en hmong, una variedad del chino, además de en inglés y español. Los somalíes llegaron tras su guerra civil y la comunidad hmong son los refugiados procedentes de Laos que, tras haber colaborado con la CIA durante la Guerra de Vietnam luchando contra los vietnamitas que trataban de cruzar su frontera, pidieron ayuda a Estados Unidos cuando ellos se vieron perseguidos por la revolución comunista en su país. Y este les abrió las puertas... de Minnesota.

En California, los carteles suelen incluir varias lenguas asiáticas, ya que hay grandes comunidades de indios, coreanos, japoneses, chinos y muchas otras nacionalidades dentro del estado. Y este patrón de no tener lengua oficial sobre el papel, pero sí muchas lenguas habladas, se repite en la gran mayoría de lugares de Estados Unidos. Como bien dicen ellos, esta es una tierra de inmigrantes, pero quienes han ido migrando a cada estado y ciudad son grupos muy distintos, con su propia historia.

En el caso de Miami, la llegada de la población haitiana y cubana se debe, primero, a la cercanía con las islas y, después, a una serie de decisiones políticas. El fin de la segregación en un Miami con mucho glamur, donde vacacionaban las estrellas, pero donde se prohibía la entrada a hoteles y restaurantes tanto a judíos como a negros, hizo que, a partir de los años sesenta, fuera un lugar a donde emigrar y huir del régimen dictatorial de Duvalier, en Haití. Comenzaron los haitianos a llegar en barcazas y, aunque por parte del Gobierno se les denegaba el asilo, comenzaron a asentarse en Miami y a formar el barrio de Little Haiti.

Y, por parte de Cuba, la guerra fría contra el comunismo contribuyó a que Estados Unidos, durante décadas, tuviera un trato preferencial con los refugiados cubanos. Se aprobó la ley de 1966, por la cual los cubanos que llegaran a territorio estadounidense tenían derecho a solicitar la residencia permanente mucho más fácilmente que cualquier otro grupo de población y después, en 1980, se acordó con Fidel Castro el trasvase del Mariel en 1980, por el que más de cien mil cubanos pasaron a ser residentes de *the magic city*.

Ellos construyeron sus propios barrios, primero Little Havana, con su Calle Ocho y, después, Hialeah y otras zonas más residenciales, como Miami Lakes, donde los cubanos y las generaciones posteriores han desarrollado una próspera comunidad mayoritariamente blanca, aunque hispana.

Mientras tanto, Little Haiti y los barrios de población negra —Overtown, Liberty City, Brownsville...— son las zonas más deprimidas de Miami y alrededores. Se ve claramente la diferencia que ha supuesto para los distintos grupos migratorios: una cosa es conseguir tener rápidamente los papeles en regla y otra muy distinta es vivir —o sobrevivir— durante décadas en la clandestinidad.

Cuando llegaron a Miami, los hispanos y los negros no eran grupos migrantes aliados, sino más bien todo lo contrario. Eran grupos de población enemigos. Los negros veían injusto el trato preferencial a los cubanos y los cubanos veían injusto que los negros consiguieran algunos trabajos a los que ellos no podían optar por no hablar nada de inglés. Hubo muchos disturbios y Miami se convirtió, por aquel entonces, en el «lejano oeste» de la costa este, donde todo el mundo se buscaba las vueltas para poder salir adelante y no siempre dentro de la legalidad.

Antes de que llegaran los haitianos y los cubanos, la comunidad judía de Miami, que había vivido la discriminación también en los suyos durante los años cuarenta y los cincuenta, había terminado convirtiendo Ocean Drive, Lummus Park y los hotelitos *art déco* de South Beach en su particular residencia de ancianos. Pero, treinta años más tarde, esos hotelitos comenzaron a caerse a pedazos por falta de mantenimiento, muchos ancianos fueron muriendo y los que quedaban comenzaron a sufrir la inseguridad. Y, para rematar, los narcos vieron en Miami el punto de entrada perfecto a Estados Unidos de toda la cocaína colombiana. Es entonces cuando Miami pasó a ser «Miami Vice». Con un índice de criminalidad altísimo, el mismo lugar que había sido descrito como «el patio de recreo de América» un par de décadas antes aparecía en la portada de la revista *Time* en el año 1981 con un sol triste y un titular que más que un interrogante era una sentencia: «Miami, ¿el paraíso perdido?».

Los años ochenta y los noventa fueron tiempos muy duros para la ciudad. Pero quien llega al Miami del siglo XXI ya no ve, ni de lejos, la criminalidad que existía a finales del siglo anterior. Aunque el racismo y la «corrupción en Miami» siguen en el ambiente. Según llegué y pregunté a los locales dónde me recomendaban vivir, los latinos me aconsejaron alejarme de los barrios negros y acercarme a los de los judíos, porque, según el estereotipo, «son todos ricos». Y los blancos estadounidenses me recomendaron no entrar en Doral o en Weston, zonas de mayoría venezolana y colombiana, si no quería hartarme de arepas y oír hablar solamente español.

¿Es Miami una ciudad segura? No lo sé. Terminé viviendo allí más de ocho años y nunca sentí que no lo fuera, aunque basta con poner las noticias del canal 10 para enterarse de que ha habido ese día seis tiroteos tres calles más abajo, se ha fugado un preso de la cárcel, dos niños han desaparecido, secuestrados por uno de sus padres, ha habido un accidente terrible en la carretera y un par de atracos en gasolineras. Ver las noticias locales en Estados Unidos es el equivalente a que te salga un bultito en algún sitio del cuerpo y decidas investigar en Google, en vez de consultarlo con el médico.

Como turista, la experiencia en Miami suele ser amable. No abundan los carteristas porque no hay grandes acumulaciones de gente en ningún sitio. En la playa, es recomendable pedirle al vecino de la toalla de al lado que eche un ojo a tus cosas si te vas a meter en el mar, pero mucha gente vive muy confiada. Conozco a gente que se queja de que le han robado cosas del interior de su coche varias veces, pero es que lo siguen dejando abierto. Quizá lo más peligroso que ocurre con bastante frecuencia en Miami pueda ser la duplicación de la tarjeta de crédito. El hecho de tener que dar tu tarjeta de crédito para pagar en los restaurantes, y que en vez de acercarse con un datáfono se la lleven y desaparezca de tu vista, tiene bastante peligro, sobre todo para quien no es local. En mi caso, en ocho años nunca me duplicaron la tarjeta para quitarme dinero, pero a mis padres les llegó a pasar en dos ocasiones diferentes cuando venían de visita. Y aquí tienes tres opciones: o pagas siempre en *cash* cuando vayas a comer, o persigues al camarero por todo el restaurante para no perder de vista tu tarjeta, o bien te resignas a hacer como todos los demás y confías en estar rodeado de buena gente. Yo te recomiendo, en caso de que vengas como turista, que no te martirices, pero que prevengas el disgusto. Avisa a tu banco antes de viajar para que te envíen mensajes de texto cuando uses la tarjeta, así podrás ver si alguien que no eres tú está comprando cosas. También lleva más de una tarjeta, por si tienes que anular la tuya al ver que está siendo utilizada sin tu permiso. En resumen, es mejor tener un plan B: un número a mano al que llamar de tu banco, otro medio de pago y calma, que esto, a pesar de ser frecuente, no siempre pasa.

Lo importante, como turista, es que esto no te amargue el viaje. En Miami vas a ver precios caros, gente un tanto extraña y una diversidad latina y multicultural única en este país. Para emociones extremas, abre los ojos y fíjate un poco más a tu alrededor. Te aseguro que no te aburrirás. Pero que el «yankisurrealismo» no te frene. Conozco a alguien que, tras abrir las maletas en la habitación de su hotel, poner la tele y ver el chorreo de sucesos contados en español con acento latinoamericano de las noticias locales, tuvo miedo de salir aquella noche a cenar. Y la cosa no es para tanto.

5

UNA AUTOPISTA SURREALISTA

Recuerdo que la primera vez que fui a recoger al aeropuerto a mi por aquel entonces marido, que venía de visita, nos topamos con una experiencia muy típica de la ciudad: el atasco de la I-95. Miles de coches parados en una autovía de cuatro o cinco carriles donde, a poco que te fijes en los coches, en las vallas publicitarias o en el paisaje urbano, alucinas con lo que ocurre a tu alrededor.

—Belén, en el coche de al lado se la están chupando a un tío.

—¡¿Qué?!

—Sí, en ese coche, ¿ves? ¿Ves el pelo de la rubia?

Efectivamente, había una cabeza rubia que desaparecía y reaparecía...

En la I-95 he visto las cosas más extrañas y también las más escalofriantes de mi vida como conductora. Desde grupos de motoristas en ropa de playa, con chanclas, pero sin casco —ya que en Florida no es obligatorio— y haciendo caballitos, hasta piques entre coches casi de carreras. También atascos infernales por culpa de camiones atravesados, vehículos en llamas, accidentes de coches estampados contra barcos en remolques, muchas ruedas reventadas en los arcenes, muebles de todo tipo amarrados a los vehículos de cualquier manera y sin ninguna protección, animales sueltos a punto de ser atropellados, gente viajando al aire libre, en la parte de atrás de alguna camioneta, un descapotable transportando una televisión gigante sin poder cerrar la capota al comenzar un aguacero... Una vez tuve que esquivar una silla de oficina que había caído al asfalto desde algún vehículo, en una prueba de fuego para mis reflejos. Sentí que vivía dentro de un videojuego donde constantemente tenía que estar pendiente de salvar la vida. Se nota, y mucho, que no existe la Inspección Técnica de Vehículos (ITV) y que los coches se pueden ir cayendo a pedazos en la carretera. Más de una vez me alejé de un coche por precaución, porque veía que iba haciendo un movimiento o ruido raro.

Esa carretera interestatal I-95 es la columna vertebral que conecta toda la costa este de la península de Florida con el resto del país. Desde Miami hasta la frontera norte de Maine con Canadá, esa autopista de más de tres mil kilómetros atraviesa quince estados de sur a norte. Afortunadamente, no en todos sitios esta carretera es igual de terrible que en Miami. La ciudad es famosa por tener un tráfico espantoso, que siempre sale en el top 5 de todos los *rankings* de ciudades con más atascos del país.

La I-95 cambia muchísimo dependiendo de dónde estés. Según vas subiendo desde el centro de Miami hacia el norte, puedes ser adelantado por Lamborghini y Rolls Royce de colores estridentes. Un poco antes de atravesar Fort Lauderdale, los aviones que despegan desde su aeropuerto te pasan justo por encima, a ras de carretera. Después, te encuentras con una sucesión interminable de carteles con destinos de playa y golf a mano derecha.

Boca Ratón, además de ser un sitio sin encanto y con un nombre absurdísimo, probablemente sea el núcleo urbano con más señoras estupendas de avanzada edad que pasean a sus perros diminutos por el centro comercial dentro de un carrito. En West Palm Beach tenemos Mar-a-Lago, la mansión resort de Donald Trump, donde el FBI tuvo que hacer una redada para recuperar archivos confidenciales escondidos en lugares tan rocambolescos como un cuarto de baño rococó iluminado por una enorme lámpara de araña. En Cabo Cañaveral tiene su base la NASA, el Kennedy Space Center, desde donde se llegó en 1969 a la Luna, y cuenta con un museo y centro de visitantes chulísimo. Aunque allí se respira una cierta nostalgia de la guerra fría, cuando la NASA y el conocimiento del espacio eran el orgullo tecnológico de Estados Unidos y no solo un *hobby* muy caro que tienen ahora un par de milmillonarios.

La I-95 también nos lleva a Daytona Beach, con el circuito de NASCAR que sale en la película *Días de trueno* y esa playa tan ancha con coches aparcados en la arena, donde se celebran todo tipo de eventos, desde una competición anual interestatal de animadoras a quedadas gigantescas de motos o de *jeeps* de colores en la playa. Esta es la meca de los *spring breakers*, los estudiantes que aprovechan el equivalente yanki a nuestra Semana Santa para volar allí desde los estados donde aún es puro invierno y asarse al sol mientras beben tanto alcohol como el cuerpo se lo permita.

Las costas de Florida son, en temporada invernal, el refugio de los estadounidenses y canadienses congelados en busca de calorcillo. De hecho, hay un fenómeno migratorio de personas de avanzada edad que conducen hasta el sur de Florida en otoño y no se van hasta la primavera. Son los *snowbirds,* los «pájaros de la nieve», y se dividen principalmente en dos zonas del país: aquellos que viven en los estados más hacia el oeste de Estados Unidos migran a Arizona, mientras que los que viven en la zona centro o este conducen hasta Florida. Muchos de ellos tienen una segunda residencia, un apartamento pequeño o, si pueden pagársela, una casa. O si no tienen aún una propiedad, alquilan durante esos meses: hay hostales que viven de estos huéspedes de larga estancia. También hay muchos otros que viven en sus propias caravanas, creando «ciudades blancas» de casas temporales con ruedas en algunas localidades. Suelen ser personas que han podido jubilarse porque viven de las rentas o que trabajan en remoto, y para ellos esta vida seminómada aprovechando lo mejor de los dos climas, «los inviernos tropicales y los veranos frescos del norte», es lo más. En otoño, la I-95 y demás carreteras se llenan de matrículas de otros estados lejanos, como Wisconsin o Michigan, aunque la mayoría son ciudadanos canadienses. Las matrículas de Quebec, de hecho, contribuyen, y mucho, a esa fama de tráfico infernal que tiene el sur de Florida, ya que se añaden a los atascos unos cuantos cientos de ancianos medio perdidos. Son tantos los canadienses que huyen de su frío polar que hasta tienen su propia Canadian Snowbird Association, la «asociación de pájaros de invierno canadienses» por la que, por unos veinticinco dólares canadienses al año, se benefician de poder acogerse a sus derechos como ciudadanos de Canadá y de poder tener cobertura médica, a pesar de residir durante seis o incluso ocho meses seguidos en el país vecino.

Pero, volviendo a la I-95... Esta carretera también llega a la ciudad de Saint Augustine, probablemente el lugar más turístico de toda Florida. Se autoproclama la ciudad más antigua de Estados Unidos, aunque —salvo el castillo de san Marcos, del siglo XVII— haya poca cosa añeja de verdad. El castillo, de hecho, no es un castillo, es un fuerte, así que tampoco es muy espectacular. Aun así, su peculiar pasado —primero español, ya que fue fundada por Pedro Menéndez de Avilés, luego inglés, ya que fue la capital de Florida del Este para los británicos, y después español otra vez, hasta que España cedió Florida a Estados Unidos en 1821— es muy curioso y han sabido explotarlo. San Agustín, hermanada con nuestro Avilés asturiano, es una ciudad bonita con un toque de parque de atracciones y cartón piedra. Completamente enfocada al turismo, pretende dar la sensación de que aún conserva su esencia española, pero la verdad es que esta solo está presente en algunos *souvenirs* de cerámica, la existencia de calles peatonales y las banderas que cuelgan de los balcones. El principal restaurante «español» de San Agustín, de hecho, es el Columbia. No es único de San Agustín, forma parte de una cadena de restaurantes autodenominados «cubanoespañoles», con seis locales en Florida y hasta una sucursal en el aeropuerto de Tampa, igual que el restaurante Versailles tiene una en el aeropuerto de Miami. Muy español no es, pero —a diferencia del Versailles en Miami— el interior del restaurante de San Agustín es muy bonito.

En los años en los que viví en Miami, fui a San Agustín dos veces y la segunda vez intenté ver más allá de lo puramente turístico. Porque lo que no se ve a simple vista, ni nadie te cuenta en los múltiples circuitos turísticos que existen en la ciudad, es que el racismo allí ha sido brutal. Tan brutal que Martin Luther King estuvo en esa ciudad durante un mes entero haciendo activismo por ser este uno de los focos más evidentes de intimidación a los negros. Brutal hasta el punto de que el 18 de junio de 1964, en plena lucha por el fin de la segregación en Estados Unidos, unos manifestantes negros se metieron en la piscina «solo para blancos» del hotel Monson Motor Lodge y el dueño del mismo reaccionó echando ácido en el agua. Esto podría ser una anécdota más del racismo rampante en el Estados Unidos del momento, pero nunca antes había ocurrido un incidente de ese tipo en una piscina y es increíble que se haya enterrado porque, en su día, supuso la gota que colmó el vaso para que el Senado de Estados Unidos, después de tener paralizada la nueva ley por los derechos civiles, durante nada menos que ochenta y tres días, finalmente la aprobara.

Florida votó en contra de esa ley, eso sí. Y San Agustín, el día posterior a la votación, siguió segregando: el mismo Doctor King, junto con otros, fue arrestado allí por osar pedir mesa en un restaurante solo para comensales blancos.

San Agustín fue, como tantos otros sitios, obligada a dejar de segregar por la fuerza, pero eso no significa que su gente abriera la mente lo más mínimo. Y esto, hoy en día, se sigue notando en el ambiente. El trumpismo campó a sus anchas por estos lares, además, y fue curioso ver cómo durante la pandemia del 2020, incluso cuando ya en muchos otros sitios de Estados Unidos se habían normalizado medidas como el uso de mascarillas para entrar en los comercios, en varias de las coquetas tiendas de *souvenirs* de San Agustín se podían ver carteles que decían lo contrario: que solo aquellos que no usaran mascarillas eran clientes bienvenidos.

Ahí te das cuenta de que la I-95 te ha llevado, desde Miami, al Sur de Estados Unidos.

Porque Miami o Fort Lauderdale, a pesar de ser el sur geográfico del estado de Florida y del país, en general, no se consideran el Sur.

El Sur de Estados Unidos está al norte del sur de Florida.

Y sí, esto es un sinsentido.

6

LA ABSURDEZ DE LA BÚSQUEDA (DE VIVIENDA)

Estados Unidos está lleno de contradicciones de este estilo. Ni el Sur corresponde con el sur geográfico del país, ni Kansas City está en Kansas, sino en Missouri. Aunque, a decir verdad, está un poquito en Kansas también, ya que la ciudad está en plena frontera de ambos estados y se extiende hasta el estado de Kansas. Pero la mayor parte se la lleva Missouri, lo cual es absurdo. ¿No podían haberla llamado Missouri City? Pues no. Es Kansas City.

Otro ejemplo es el aeropuerto de Portland. Y me refiero a Portland, la ciudad de Maine, no a Portland la ciudad del estado de Oregón, que está en el otro extremo del país y que se llama igual, pero que no tiene nada que ver... Portland, en Maine, tiene un aeropuerto que se llama Portland International Jetway y que, a pesar de ser *international,* no tiene ni un solo vuelo de pasajeros con destino a otro país. Tan internacional no es.

¿O qué me decís de las World Series? La final del campeonato de béisbol estadounidense por excelencia se llama así (series mundiales), pero, a pesar de sonar muy multinacional, en realidad en esa competición solo juegan ellos. Es el campeonato que enfrenta a las dos ligas profesionales de este deporte que existen en Estados Unidos: la American League (AL) y la National League (NL). No es el mundo, es su mundo.

En Miami hay un monasterio español del siglo XII. El magnate William Randolph Hearst lo trajo a Estados Unidos en

1925, en esa época en la que los monopolios estaban absolutamente fuera de madre —casi como ahora— y los millonarios se construían mansiones con extravagancias del nivel «pongamos un sarcófago romano en el salón». Hearst en cuestión tenía debilidad por el arte europeo y, por capricho, se compró el monasterio de Sacramenia, en Segovia, abandonado tras la desamortización de Mendizábal.

Lo desmontaron y empaquetaron todas las piedras que lo componían en once mil cajas de madera para enviarlas rumbo a Nueva York, donde Hearst se vio obligado a dejarlas reposar un tiempo porque se le echó encima la Gran Depresión y no estaba la cosa como para gastar más dinero en jugar a montar ese puzle. Al contrario, terminó sacando muchas de sus piezas a subasta y esas cajas llenas de piedras terminaron muertas de la risa en un almacén durante veintiséis años. Después de que muriera Hearst, en el año 1952, las cajas fueron compradas por dos empresarios que vieron la oportunidad de convertir el monasterio en el lugar ideal para cobrar una fortuna por celebrar tu boda, hacer desfiles de moda o grabar un videoclip. Costó diecinueve meses y casi veinte millones de dólares reconstruir, piedra a piedra, el claustro. Pero finalmente se hizo, y se colocó en un sitio cercano a Miami. En un lugar que se llama North Miami Beach. Pero no os imaginéis un claustro segoviano con vistas a la playa. En realidad, North Miami Beach, a pesar de llamarse así, no está en Miami Beach. Es una ciudad cercana a Miami que no tiene playa alguna. Ni siquiera está tan cerca de Miami Beach. De hecho, está mucho más cerca de otra ciudad que se llama Sunny Isles Beach. Esta se traduce como «playa de las islas soleadas» y, afortunadamente, sí tiene playa. Lo que no tiene son islas, salvo unas cuantas artificiales que se usan a modo de embarcadero de algunas mansiones.

Lo sé porque allí, en Sunny Isles Beach, fui a parar yo cuando alquilé mi primer piso en Miami. No era una mansión, ni tenía embarcadero en una isla, ni nada. Pero allí, en esa «playa de las islas soleadas» encontré, en Estados Unidos, mi primer hogar.

Mudarte a una ciudad que no conoces de nada, y sin conocer a nadie tampoco, tiene grandes desventajas. La primera es que dependes de consejos de personas que no te conocen en absoluto para tomar una serie de decisiones importantes antes de tener el tiempo suficiente como para formarte tu propia opinión. En qué barrio es mejor vivir. Cómo de importante es la distancia al trabajo. Qué operadora de teléfono me conviene más. Qué banco me será más cómodo. A qué supermercado preferiré ir. Qué coche me conviene comprar y dónde.

Mis compañeras de la oficina y miles de búsquedas en internet eran mi única guía. Mi trabajo quedaba al lado del aeropuerto de Miami, así que daba por hecho que muy cerca no querría vivir, ya que no era precisamente el mejor barrio. Viniendo de Madrid, me parecía muy apetecible —y a mi exmarido aún más— poder vivir en la playa, así que me puse a buscar pisos —o apartamentos, como dicen aquí— que estuvieran cerca del mar. El presupuesto que yo había estimado para gastarme en el alquiler tuvo que subir bastante porque una cosa era lo que decía internet desde España y otra lo que decía mi *realtor*, una vez aterrizada en Miami.

El *realtor* es como se refieren aquí a la figura del agente inmobiliario, y es un elemento fundamental para encontrar alojamiento. El *realtor* es la persona que tiene acceso al MLS, la abreviatura de Multiple Listing Service, es decir, una base de datos de casas disponibles de ámbito local a la que solo pueden acceder ellos pagando la suscripción al servicio.

Mi frustración con los *realtors* comenzó prácticamente desde la primera semana. Ni parecían ser de mucha ayuda, ni me enseñaban todas las casas que yo quería ver, ni me asesoraban como yo pensaba que lo harían. Solo se limitaban a abrir la puerta de los apartamentos cerrados con un candado.

Además, descubrí que existe todo un drama de infidelidades: no puedes contactar a más de un *realtor*, ya que entonces les haces competir entre ellos para ver quién da el mejor servicio y eso va en contra de su política de, ante todo, mediocridad. El inquilino no es quien paga al *realtor* sino el dueño del piso, así que solo si tienes un único *realtor* se garantizan no estar trabajando en vano para ti. Después de ver tres o cuatro apartamentos a ratos después del trabajo, yo —que estaba muy harta de vivir en un hotel— terminé decidiéndome rápidamente por ese de Sunny Isles Beach. Era una torre construida hacía casi cuarenta años, gemela a otras dos. No estaba sobre el mar, ya que esas se me iban mucho de presupuesto, pero se veía un trocito entre edificios desde la terraza y era posible ir a pie desde casa hasta la playa. El interior del edificio era de lujo, con una recepción enorme, parecida a la de un gran hotel, con varias zonas de sillones, suelos y mostrador de mármol y espejos en las paredes. Tenía garita de seguridad. También tenía servicio de aparcacoches. Piscina. Gimnasio. Barbacoa. Pistas de tenis. Tres ascensores, dieciséis plantas. Mi piso estaba en la undécima, a medio pasillo. A pesar de tener un solo dormitorio y un baño, eran noventa metros cuadrados solo para mí. Ni tan mal. Una cocina grande separada del salón por una barra de desayunos, un salón gigantesco con moqueta color beige. Una terraza de un tamaño muy decente. Y dos armarios del tamaño de un aseo cada uno. Estuve muy cómoda en esa casa, donde viví durante año y medio o así. La única pega que tenía era que las lavadoras y secadoras eran compartidas por planta y solo se podían utilizar hasta las ocho de la tarde, así que mis fines de semana estaban condenados a dedicar tiempo a la colada, porque casi nunca llegaba a casa de trabajar antes de esa hora. Además, el dueño de la casa era un imbécil, un tipo muy desagradable que me escribía cada mes recordatorios de que no se me olvidara pagarle. Lo hacía porque la primera vez que le tuve que pagar se me ocurrió preguntarle si no había otra manera más fácil de hacerlo, puesto que me obligaba a escribirle un cheque, ir en persona y en horario laboral al banco de su elección el día uno de cada mes, donde había una cola tremenda, y depositar así el dinero. Ahí me di cuenta de que esta gente estaba a años luz de nuestras facilidades a la hora de hacer transferencias. Por una transferencia automatizada de mi banco al suyo me podían cobrar más de veinte dólares de recargo y aún no existía ningún sistema digital como Zelle, que surgió años más tarde. Este primer casero se enfadó cuando le pedí alternativas y me dijo que no, que si tenía algún problema con la forma de pago, ahí tenía la puerta. Que bastante favor me hacía confiando en mí como inquilina sin tener yo historial de crédito en este país. Para alquilar aquel primer piso en Miami, tuve que pagarle a aquel imbécil que residía en Texas y decía que me estaba «haciendo un favor» cuatro meses de alquiler por adelantado. Y, durante año y medio, firmé esos cheques y madrugué más cada primero de mes para hacer cola en su banco y depositarlo en mano.

¿Y qué era eso del historial de crédito que hacía creer a este señor que me estaba perdonando la vida? A eso vamos.

7

BUROCRACIA, DEUDA Y PICARDÍA

Creo que el primer choque cultural que experimenté en Estados Unidos fue que lo que yo entendía por «seguridad social» significaba algo radicalmente distinto. Aquí, la seguridad social (*social security*) es un número de nueve cifras que constituye tu identificación personal. ¿Es como tu DNI? No exactamente. Aquí no existe el DNI como tal, y todo el mundo se identifica con su carnet de conducir porque prácticamente todo el mundo conduce. De hecho, el número de la seguridad social es un secreto. No es un número que puedas dar alegremente por ahí y te recomiendan no llevar encima la tarjeta cutrísima de papel en la que va escrito. Dar tu número de la seguridad social es peligroso porque el robo de identidad está a la orden del día, y si ese número cae en malas manos, te pueden hacer un señor agujero en el banco. Además, si decides llevarla en la cartera, se va desintegrando porque, como os digo, es un trozo de papel sin más que no está plastificado y pretenden que te dure toda la vida.

Te recomiendan que lo memorices porque ese número de la seguridad social lo es todo en este país. Es lo que te permite ser parte del sistema. Es lo que permite contarte como individuo. Para empezar, ese número es lo que te permite cobrar, cotizar y pagar tus impuestos. Fue, de hecho, el primer trámite que tuve que hacer, a los diez días de aterrizar. Me dijeron en la oficina que fuera muy pronto por la mañana a un edificio cercano, a ver si tenía suerte y me atendían sin cita. Yo iba muerta de miedo porque no sabía ni qué estaba solicitando exactamente ni qué papeles necesitaba, pero me habían dicho en mi trabajo que hasta que no tuviera número de la seguridad social no podían pagarme la nómina. En el concesionario, tres cuartos de lo mismo: sin número de la seguridad social no me vendían un coche. Así que el trámite era necesario. La buena noticia es que, al parecer, existía la posibilidad de que me dieran un «número provisional» con el que me podría manejar hasta que llegara la tarjeta. Fui allí con mi carpetón lleno de papeles del visado y mi pasaporte, y un bolígrafo, porque algo que yo ya iba aprendiendo es que era necesario rellenar varios formularios para absolutamente todo. También llevaba encima la dirección de la casa de una compañera, ya que necesitaban un lugar al que enviar la tarjeta por correo ordinario. Yo aún me estaba alojando en un hotel y, por alguna razón que no llegué a comprender, no me dejaban dar la dirección de la oficina para recibirla en el trabajo.

La oficina podría ser cualquier edificio gubernamental español. Parco, con filas de sillas en una sala de espera, una máquina expendedora de números y ventanillas de funcionarios. Bueno, o lo que yo, en aquel momento, identifiqué como funcionarios. Después me enteraría de que el concepto «funcionario» era como el de la «seguridad social»: algo muy español que parece que aquí es lo mismo, pero que no tiene nada que ver. Aquí esas personas no han aprobado unas oposiciones ni tienen plaza fija, solo trabajan para el Gobierno, como podrían trabajar en cualquier otra empresa. No tienen las mismas ventajas que tiene ser funcionario en España.

La «funcionaria» que me atendió era una versión cubana de mi abuela a sus ochenta años, aproximadamente. Porque yo aún no estaba atando muchos cabos, pero ahí estaba Estados Unidos diciéndome ya a la cara: «¿ves, Belén? Aquí la gente no se jubila». Pero yo, en ese momento, solo iba a lo mío. Aferrada a mi carpeta de papeles, la saludé con una gran sonrisa. Lo primero que me pidió fue el formulario i-94. A mí me asaltaron sudores fríos. «Pues es que no sé ni lo que es el i-94...» Yo ya pensaba que había caído en la primera pantalla y que me iba a decir que volviera otro día con el susodicho papelito. Para mi sorpresa, me dijo: «No te preocupes, mi niña, que lo vamos completando juntas». Pensé en mi abuela y la eché mucho de menos mientras esa señora delgadísima, de pelo blanco, encorvada y con artrosis en sus manos huesudas tecleaba temblorosamente mi número de pasaporte e imprimía el papel que confirma cuándo has entrado legalmente por última vez en el país. Ese era el i-94.

Yo esperaba, sentada en la silla, moviendo frenéticamente una pierna, cruzando los dedos para que me dieran el dichoso número para poder cobrar, comprarme ya el coche y firmar mi contrato de alquiler, entre otras cosas. Pero la señora me dijo que la tarjeta tardaría unos días, quizá unas semanas. «¿No me puede dar el número antes? Es que me corre algo de prisa...»

Entonces, la señora se acercó hacia mí y, bajando la voz, me dijo: «Podemos hacer una cosa. Yo mañana, si puedo, te llamo, y te doy el número de forma no oficial. Pero no se lo digas a nadie. No lo digas».

Yo asentí con la cabeza sin contestar siquiera. Todo era muy clandestino y no quería meter yo a la abuelita cubana en problemas. No entendí nada, ni en aquel momento ni, sinceramente, lo entiendo ahora: ¿por qué no podía decirme el número en el momento? ¿Por qué mañana sí? ¿Cómo es que, a modo de favor personal, se ofrecía a llamarme por teléfono para decírmelo? No tengo ni idea, pero, efectivamente, al día siguiente recibí una llamada. Una llamada un tanto extraña de la abuelita. Se identificó como «soy la persona que te ayudó ayer en la oficina de la Seguridad Social», sin darme su nombre, pero su voz cascada y su acento cubano eran inconfundibles. Luego me dijo que apuntara y recitó una serie de números. «Ya está. Ese es tu número. Buena suerte, mijita», y colgó.

Ese número tan largo escrito en un pósit sería el inicio de una carrera de obstáculos a la que ahora llamo «el verdadero choque cultural». Porque cuando sales de tu país y piensas que vienes a Estados Unidos preparada para lidiar con diferencias culturales, creo que subestimamos lo difíciles que estas pueden resultar. Al margen de la barrera del idioma, o que la hora de la comida pueda parecerte temprana, o que no entiendas la afición por el fútbol americano universitario o por comer beicon a todas horas, el choque cultural creo que realmente surge cuando las cosas que tú estás dando por supuestas, y que ya no es que te parezcan bien o mal, es que han sido así durante toda tu vida, de pronto se tambalean y ves que existen otras realidades distintas. Porque tú puedes vivir en este país con tus propias normas importadas —tu idioma en tu casa, tus recetas o tus costumbres— pero solo hasta cierto punto. En el momento en el que tuve ese número de la seguridad social que valía para todo menos para ir al médico, me encontré en una sala con mil puertas y cada una guardaba un misterio.

Con ese pósit con el número dentro de mi cartera, me fui al banco. Encontré uno solo que abriera por la tarde algunos días a la semana para poder acercarme después de trabajar. Lo primero que me sorprendió es que, en la puerta, tenían un bebedero y un montón de galletas para perros. «¿Cuánta gente irá al banco con su perro?», me pregunté. Porque no es que el banco estuviera en una calle transitada o peatonal, no. Al banco se podía llegar exclusivamente en coche. De hecho, ahora que lo estoy pensando creo que en los diez años que llevo en este país nunca he visto a nadie en el banco con su perro.

En el banco volví a beneficiarme de haber llegado a Miami, «la capital de Latinoamérica», ya que la persona que me atendió también era hispana. Era un hombre de Perú bien entrado en años, aunque no tanto como la abuelita de la oficina de la Seguridad Social. Se llamaba Edgar. Me acuerdo porque me dio una tarjeta y fue muy amable aquel día en el que aún me acompañaba mi padre. Estuvimos charlando los tres un rato muy largo. También me acuerdo de que la siguiente vez que fui al banco —esta vez sola porque mi padre había vuelto a España— Edgar me dijo que iba a separarse de su mujer y dejar aquel trabajo para montar un negocio y que, si quería, podíamos empezar a vernos fuera, «más informalmente». En fin... Ese señor fue quien abrió mi primera cuenta bancaria en Estados Unidos, donde ingresé el dinero que había traído en efectivo y algunos ahorros que transferí desde mi banco de Madrid. Yo pensé que con ese dinero en mi cuenta mi vida se simplificaría. Tenía los suficientes dólares como para no tener que pedir ningún préstamo. Pensaba comprarme un coche de segunda mano y pagarlo a tocateja, y me sentía un poco vip en aquel banco a donde no acudía a pedir dinero, sino más bien al contrario. Pero el dinero en el banco, sobre todo si no es una cantidad descomunal, no sirve de nada en Estados Unidos. Lo que sirve aquí no es tener un buen colchón sino tener un buen historial de crédito.

El historial de crédito es uno de los laberintos de la vida estadounidense. Una de esas cosas —y hay bastantes más— que nadie sabe muy bien por qué existen o cómo funcionan realmente, pero que cada uno gestiona como buenamente puede. Yo lo único que sabía por aquel entonces es que no tenía ningún historial. Pero el historial de crédito no es como los antecedentes policiales, que si no tienes ninguno es algo bueno... No, el historial de crédito es como la experiencia laboral en una entrevista de trabajo nada más graduarte: aunque no hayas tenido tiempo material de trabajar en ningún sitio, es algo que te piden y que tienes que poder demostrar.

Y ¿qué demonios es el historial de crédito? Es una puntuación que refleja tu reputación financiera. Una puntuación —en inglés, *credit score*— que puede ir de 300, que es el mínimo, hasta 850. Es difícil hasta el número. ¿No podría ser de 0 a 10 o de 0 a 100? No. De 300 a 850, como si también esto estuviera en sistema imperial en vez de métrico.

Según en qué número estés, se considera que tienes muy mal crédito, muy buen crédito o algo intermedio. Cuanto mejor pagador seas, más alta será tu nota. Si te retrasas en los pagos, vas hacia atrás.

Parece un examen fácil de aprobar, pero en realidad no lo es. Acabo de mirar mi *credit score*. Yo estoy ahora mismo en 750. Se considera «bueno». No «muy bueno», ojo, solo «bueno». Llevo una década viviendo en este país y nunca he tenido problemas financieros, ni he pagado jamás una factura tarde. Pero no he conseguido llegar al notable alto ni al sobresaliente porque tampoco he generado grandes deudas. Solo tengo tres tarjetas de crédito en uso y pago el balance por completo al final de cada mes, mi coche era un *lease* pero terminé comprándolo al final sin financiarlo y... ya. No es suficiente para la rueda estadounidense: debería deber mucho más.

¿Pero cómo llegar a la cima del historial de crédito? Pues, aunque muchos se declaran expertos y existen un millón de estafadores que te venden sus servicios de consultoría para mejorar este *credit score*, en realidad no pueden ofrecerte garantías porque las normas no están claras. La opacidad del *credit score* es uno de esos misterios que, cuando llegas a vivir a Estados Unidos, crees que se debe a que tú no lo entiendes, no a que sea posible que sea tan poco transparente. Pero, efectivamente, pretenden que juegues a un juego sin conocer bien las reglas. Es más, ni siquiera está claro para quién estás jugando. El *credit score* es un invento nacido del consumismo en la segunda mitad del siglo XX, cuando las empresas comenzaron a ver la oportunidad de vender más a costa de financiar a los clientes. Pero ¿cómo fiarse de que esas deudas iban a ser pagadas? ¿Cómo proteger a las empresas? En 1956, un ingeniero llamado Bill Fair se asoció con un matemático llamado Earl Isaac y se inventaron cómo calcular quién tenía más probabilidades de ser un buen pagador mirando solamente números.

Fair, Isaac and Company terminarían siendo la organización FICO y el resultado de su fórmula es ese rango de puntuación que va de 300 a 850.

La fórmula FICO parecía ser una respuesta científica a un problema de la sociedad estadounidense que, en realidad, no existía como tal, pero pasó a ser, desde 1989, el estándar para todos y el arma de las empresas para protegerse de los morosos. Si dejas de pagar a una de ellas, tu puntuación baja y las consecuencias pueden ser terribles, así que este sería el primer algoritmo que traería a los estadounidenses de cabeza. Los factores que hay que tener en cuenta se supone que son los siguientes, y en este orden: el historial de pagos, las cantidades adeudadas, los años de experiencia, el total de tipos de crédito y las peticiones para obtener más crédito que hayas hecho recientemente. Es decir, que para tener mejor crédito has de haber pagado mucho durante muchos años y a muchos tipos de pagadores distintos. ¿Pero cuánto es «mucho»? Ahí deja todo de ser blanco y negro y empiezan los grises y las incongruencias. Porque, por ejemplo, saldar una cuenta pendiente en vez de mejorar tu crédito lo que hace es empeorarlo, ya que en el reporte sale que eres «buen deudor» de menos pagadores que antes. ¿Debes menos? Pues muy mal. El sistema incentiva estar endeudado hasta las cejas y castiga a quien no debe nada a nadie, ya que lo que se pretende con esto es que la economía gire y gire sin parar.

FICO no es el dueño y señor del historial de crédito, solo es el dueño y señor de la fórmula. Fórmula, que, por cierto, han ido exportando a lo largo de los años a otros países, y hoy en día están presentes en más de treinta. Países como Reino Unido, Sudáfrica, Brasil, Canadá e incluso Italia, Turquía o Suecia. Miedo me da que metan la patita en España con su fórmula mágica y la excusa de «empoderar la economía», que es el reclamo que venden en su web. Porque el *credit score* es la etiqueta definitiva, algo que ayuda a las empresas a reducir riesgos, pero que perjudica a los ciudadanos y les hace nadar en la precariedad metiéndose de cabeza en el pozo sin fondo que es el consumismo.

A lo largo de los años, han surgido varias «oficinas de crédito», empresas privadas que utilizan su propia versión del FICO *score*. Hoy en día hay tres empresas estadounidenses que se reparten todo el mercado. Es decir, que los 750 puntos que dice una de ellas que tengo en este preciso momento (la puntuación varía de forma constante), según la web de mi banco, pueden convertirse en 730 según los datos de otra o en 770 según dice la tercera. No hay homogeneidad de resultados, a pesar de que se supone que están usando la misma fórmula. Pero si voy a un concesionario Toyota, por ejemplo, y pido que me financien un coche, ellos verán en su ordenador el historial de crédito que les dé el proveedor con el que ellos trabajan y no los otros dos.

En función del historial de crédito que tengas, puedes optar a distintos tipos de financiación. El interés será más alto si tu historial de crédito es malo o inexistente. Es decir, cuantas más deudas vayas teniendo, mejores serán las condiciones para endeudarte aún más.

Todo esto hace que las tarjetas de crédito en Estados Unidos tengan un papel radicalmente diferente al que tienen en España. Yo en mi país natal no había tenido grandes deudas nunca, por suerte. Cuando me fui, a mis treinta y dos años, solo debía la hipoteca de mi casa y el *renting* de un coche a punto de expirar. También tenía una tarjeta Visa y la de El Corte Inglés, que tardaba un poco más en pasar los pagos. Eso era todo. Por eso, cuando llegué a Estados Unidos y fui al banco, lo primero que pedí al abrir mi primera cuenta fue una tarjeta de débito y otra de crédito. En mi cabeza, eso era «lo normal». A cambio, lo que me dieron al abrir mi nueva cuenta fue una chequera (que necesitaría más adelante para pagar aquel maldito alquiler de mi piso), una tarjeta de débito y una extraña explicación sobre por qué no podía tener una tarjeta de crédito, aunque quisiera.

—Es que no tienes crédito —me dijo Edgar.

—Claro, por eso quiero una tarjeta de crédito, para pagar un poco más tarde los muebles que voy a comprar ahora, por ejemplo.

—No, querida, eso no funciona así. Primero necesitas construir tu historial.

Así que, según aterrizas en Estados Unidos, no solo tienes que construir una vida entera nueva, una reputación laboral y una red de amistades. También tienes que construir tu crédito. Demostrar al resto del mundo que eres de fiar. Y eso, ¿cómo demonios se hace?

En el banco, Edgar me recomendó abrir una «cuenta asegurada». Es decir, una cuenta —paralela a la mía normal— en la que yo pudiera «prestarme dinero a mí misma». Es decir, me dieron una tarjeta de crédito con un límite que era exactamente la misma cantidad que yo tenía ahí metida. Tenía que usar esa tarjeta regularmente y pagarme a mí misma a final de mes (con dinero de la otra cuenta, claro) para demostrar que era una buena pagadora... de mí misma.

Así estuve varios meses. Además, en vez de comprarme un coche de segunda mano a tocateja —que era mi plan inicial— firmé un contrato *lease* (una especie de alquiler del coche a dos o tres años, pagando solo un anticipo al principio) en el único concesionario que, por aquel entonces, me dijeron que «fiaban» a expatriados recién llegados sin historial de crédito, solo con los papeles del visado y una carta firmada por mi empresa que garantizaba qué sueldo iba a cobrar durante los años del contrato. El *lease,* como es una factura mensual, también ayudaba a construir crédito, así que me interesaba.

El alquiler de la casa también es un pago mensual, pero ese no forma parte de la fórmula mágica por algún motivo.

Pasados unos meses, comencé a recibir cartas en mi domicilio de empresas de tarjetas de crédito. No de bancos, ojo, de empresas solo de tarjetas. En el sobre ponía «¡Estás pre-aprobado!». En mi oficina, mis compañeras me dijeron que esa era una excelente señal. Cuando las empresas de tarjetas de crédito te comienzan a ofrecer cosas, es porque tu historial de crédito va siendo mejor. ¿Y cómo tienen acceso a mis datos personales? Pues prefiero no saberlo. Se ve que la privacidad de tus datos es incompatible con la libertad de otros de hacer lo que les dé la real gana con ellos.

Durante esos primeros meses viviendo en Miami experimenté en varias ocasiones la falta de confianza de algunas empresas por mi carencia de historial de crédito. La compañía eléctrica me pidió un depósito de ochenta dólares que no me devolvió hasta pasados dos años. Tuve que hacerme con un móvil de tarjeta en vez de contrato. Pero, mientras que algunas empresas no se fiaban de mí, muchas otras se empeñaban en ofrecerme financiación. Cuando fui a comprar un sofá, el vendedor parecía muy decepcionado cuando le dije que no necesitaba pagarlo a plazos. Claro, el tipo de interés para quien no tiene historial de crédito puede llegar a ser tremendamente alto. Y en cada tienda de decoración, ropa, o incluso lencería o maquillaje, me ofrecían hacerme su propia tarjeta de crédito que podría usar en sus tiendas y beneficiarme de descuentos. Además, podría utilizarla en otras tiendas como tarjeta de crédito normal.

Estando un día en Banana Republic, harta de tener la misma conversación siempre, dije «sí» en vez de «no».

—Hola, ¿tienes tarjeta con nosotros?

—No, lo siento.

—Puedes hacértela en el momento y te aplicamos un cinco por ciento de descuento, ¿te interesa?

—Vale, sí.

—¿Me dices tu número de la seguridad social?

—Sí, es este...

Entonces el chico tecleó en su ordenador, frunció el ceño y me dio las malas noticias que yo ya presentía que iban a llegar:

—Ah, pues no. Lo siento, no podemos hacerte la tarjeta.

—Ya me imaginaba, es que no tengo historial de crédito porque acabo de mudarme desde España hace poco.

—Ya... bueno, espera unos meses, a ver. Además, no sé si lo sabrás, pero mirar tu crédito te baja el crédito...

Cágate lorito, ¿así que pedir que una empresa mire cómo está tu historial de crédito y no lo comparta (no es algo que te impriman y te puedas llevar en la mano, no te dejan ni mirar la pantalla la mayoría de las veces) encima baja tu puntuación? Pues eso dicen, aunque parece que hace unos años que todo eso ha cambiado y ya no es verdad. Hay una serie de páginas web en las que puedes sacar tu reporte de alguno de los tres proveedores oficiales sin perjuicio, siempre y cuando no lo hagas más de una vez al mes. ¿Por qué no más de una vez al mes? Porque el hecho de querer saber tu puntuación lo que indica es que estás viendo la posibilidad de pedir más crédito, y eso el algoritmo lo trata como algo negativo, interpreta que estás en apuros y estás viendo dónde y cómo pedir dinero en algún sitio. ¿El problema? Que para ver tu reporte en internet has de meter ese número mágico de identificación: tu número de la seguridad social. Y eso da miedito. Las estafas y el hackeo de datos proliferan como setas. De hecho, en el 2017 una de esas empresas, Equifax, sufrió un hackeo muy grave y la información fiscal y personal de unos 150 millones de personas fue filtrada sin consentimiento. Dos años más tarde, se supo que la empresa había sido multada por los estados a pagar 700 millones de dólares por esta brecha en su seguridad. Una multa que se consideró francamente insuficiente, ya que

Equifax ya había anunciado que apartaría de sus beneficios del trimestre esa cantidad como medida de preparación para un posible acuerdo judicial y declaró unos beneficios de ese período de más de tres mil millones de dólares. Además, ¿quién se benefició realmente de ese dinero de la multa? Los millones de personas cuyos datos fueron hackeados, no.

Pero ahora, al menos, el historial de crédito no es algo que sea un secreto al que no puedas acceder sin que te baje aún más el resultado. Mi banco ahora lo ofrece en su *app* y te avisa cuando sube o baja (normalmente sin ningún sentido, por cierto). Cuando yo llegué, ya existía una *app* llamada Credit-Karma que ofrecía este servicio sin que te perjudicara en tu historial —o así lo anunciaban en la televisión—, pero con mi número de la seguridad social (ligado a un visado temporal de trabajo) me daba error y yo no podía utilizarlo.

Pero, como yo sabía que partía de cero y que, total, mi historial de crédito en el primer año de vida en Estados Unidos era imposible que llegara a ser muy bueno, me arriesgué en otra tienda pasados un par de meses. Esta vez fue en una tienda de GAP, donde había ido a comprar ropa para mis sobrinos.

—¿Te interesaría hacerte la tarjeta de crédito de nuestra tienda para que te hagamos descuento en tu compra?

—Sí, vale.

Y, para mi sorpresa, un par de formularios después, me aplicaron el descuento y me dijeron que la tarjeta llegaría a mi casa. Y, efectivamente, llegó unos días más tarde. Una tarjeta de GAP azul marino fue la primera tarjeta de crédito verdadera que tuve en este país y cada vez que salía a cenar con mis amigas del trabajo y poníamos todas nuestra tarjeta en la bandejita para pagar, se partían de la risa de la mía. La veían bastante ridícula, no solo porque GAP es una marca un tanto pasadilla, sino porque pagar con una tarjeta de una tienda de ropa en un restaurante se ve como algo poco serio. Yo la defendía a muerte: «¡No os metáis con mi tarjeta! ¡Que GAP, de momento, es la única empresa que se ha fiado de mí de veras en este país!».

La tarjeta de GAP tenía su propia página web y ahí me metí yo para seleccionar el modo autopago y enlazar mi cuenta corriente, ya que, si no estás atento, como no pagues al final de mes, te comienzan a cobrar unas penalizaciones brutales. Y algo que a mí me pareció complicadísimo es que, en la página web, figuraba no solo lo que me había gastado con la tarjeta cada mes, sino que parecía que te animaban a pagar una cantidad mínima solamente. Es decir, si yo me había gastado cien dólares, en vez de pedirme cien dólares al final de mes, me pedían que hiciera un pago mínimo de sesenta dólares y que financiara el resto. Claro, este es el negocio de las tarjetas de crédito, de los intereses que cobran cuando no puedes pagar a final de mes todo lo que has comprado pagando con la tarjeta.

Dos meses después de tener yo mi flamante tarjeta de GAP, con un límite de trescientos dólares, me llegó una carta en la que me felicitaban por mi uso de la tarjeta y me aumentaron el límite a setecientos. Poco después, me llegó otra carta en la que me subieron el límite de gasto mensual con mi tarjeta a dos mil dólares. «¡Pero yo no quiero que mi límite sea de dos mil!», y corrí a la web a limitarlo, por seguridad, no me fueran a robar la cartera un día y a saquearme tanto dinero.

Pero las cartas siguieron llegando. Me subieron el límite de crédito a cinco mil, a siete mil, a diez mil... y llegó un momento en el que el límite de mi crédito pasó a ser superior al dinero que tenía en el banco. ¿Cómo es posible que me presten lo que no tengo?

Esa es la rueda del crédito. Tú consumes por encima de tus posibilidades y pagas en cómodos plazos. Si tienes un buen historial de crédito, el porcentaje de interés de la financiación no será muy alto e incluso existen tarjetas donde es del cero por ciento durante el primer año. De tal manera que, si te ofrecen una tarjeta de crédito con un límite de veinte mil dólares al cero por ciento durante el primer año, en realidad lo que están haciendo es darte una línea de crédito sin intereses durante doce meses. La gente ya no solo es que gaste por encima de sus posibilidades, es que utiliza ese dinero para probar suerte en un negocio, por ejemplo, o invertir en bolsa y jugarse los cuartos, o tapar agujeros creando otros nuevos. A mí ese ritmo de riesgo y gasto me resulta, aún hoy, vertiginoso. Conozco a gente que compra los regalos de Navidad de sus hijos y nietos con una tarjeta de crédito y los va pagando a lo largo de todo el año siguiente. Para cuando termina de saldar su deuda, ya es diciembre de nuevo. Y vuelta a empezar. Hay empresas que te traspasan deudas de unas tarjetas a otras, buscando las mejores condiciones, para seguir debiendo, pero menos. Hay todo un entramado supercomplejo de movimientos a los que los estadounidenses están acostumbrados y a mí se me hacen un mundo aún hoy.

Si no pagas tus deudas, la empresa a quien le debes dinero transfiere tu deuda a *collections* y entonces ocurren dos cosas. Tu deuda ha pasado a ser el cliente de otra empresa, una especie de cobrador del frac que tiene como objetivo acosarte todo lo posible para que pagues. Es tal el intrusismo que se tuvo que crear una ley —la Fair Debt Collection Practices Act— para evitar que te puedan llamar por teléfono antes de las ocho de la mañana o después de las nueve de la noche y no acosen llamando a tu lugar de trabajo si tu jefe no lo permite. Y aquí sigue la falta de claridad. El algoritmo, en algunas de esas empresas que miran tu crédito, premia que pagues esa deuda, aunque haya llegado a *collections* (es decir, aunque vayas con retraso en el pago). Otras empresas, sin embargo, no quitan el borrón de tu expediente hasta pasados siete años, así que, en realidad, tienes siete años más para decidir si pagas o no pagas, renegociar tu deuda, pedir un plan de financiación o arriesgarte a que te lleven a juicio por ella.

Sea como sea, siete años con un mal crédito son muchos años. Siete años sin poder financiar nada o demostrar que eres solvente ante caseros. O incluso ante algunos empleadores, que exigen ver tu historial de crédito antes de contratarte para saber si eres de fiar.

Sin ser algo obligatorio por ley, estas empresas sin transparencia alguna obligan a toda la sociedad a subirse al mismo barco. Pero también se estima que hay unos 26 millones de personas en este país que son *credit invisible*. Es decir, que no tienen historial de crédito. Como yo cuando llegué. Porque este sistema no solo es tremendamente opaco y potencia el puro consumismo, es que también perjudica a todos los grupos minoritarios y, sobre todo, abre un abismo entre los pobres y el resto de la sociedad. Al estar íntimamente ligado a ese número mágico de la seguridad social, te condiciona en todo lo que puedas necesitar en tu vida. Nadie te alquila sin revisar tu historial de crédito. Nadie te fía nada sin tener un buen historial de crédito. No puedes pagar a plazos un coche, o una moto, o una factura médica sin historial de crédito. Y no te conceden una hipoteca en la que el tipo de interés no sea descomunal, por supuesto, sin tener un buenísimo historial de crédito.

Pero yo no sabía nada de esto cuando llegué a Miami. Yo pensaba que, con mis ahorrillos en el banco, viniendo con trabajo y sin deber nada a nadie en este país, ya partía de una buena posición para comenzar una nueva vida. Que el visado sellado en mi pasaporte significaba que el país me daba la bienvenida. Y tampoco comprendí qué estaba pasando al principio. Solo iba siguiendo instrucciones para asentarme lo antes posible, casi como una autómata. ¿Que tengo que «construir mi historial de crédito»? Venga, voy a informarme de cómo hacerlo. No ha sido hasta años después que me he parado a pensar en lo injusto que es que una puntuación sea tan importante en tu vida. Que te obligue a gastar por encima de tus posibilidades para poder pedir financiación alguna vez.

Que te obligue a tener más tarjetas de plástico de las que desearías. Que te obligue a ser clienta de más empresas financieras de las que te gustaría. Que te obligue a compartir más datos personales de los que crees que es prudente.

Pero, como os cuento, yo en ese momento no pensé en nada de esto. Estaba feliz de haber llegado hasta aquí y lo que deseaba con todas mis fuerzas era ser una más, integrarme y reiniciar mi vida. Todo, al principio, me parecía de cine: la abuelita cariñosa llamándome de extranjis, el señor del banco tirándome los tejos, pagar con cheques en vez de con transferencias, mi tarjeta azul marino de GAP. Las calles, los semáforos, las palmeras rodeando la autopista en cada atasco en los que me entretenía familiarizándome con las marcas y modelos de coches de aquí. Sentía que estaba metida dentro de una película. Solo que, esta vez, la historia que esa peli me contaba era también la mía.

8

FAMILIAS DISTINTAS (Y PARALELAS)

Muchas veces pienso en cómo es posible que la vida en Estados Unidos me sorprendiera tanto.

Antes de mudarme en octubre del año 2013, yo había visitado este país muchas veces. Además de aquellos primeros dos meses en Florida que pasé durante mi adolescencia, también me alojé con familias estadounidenses durante los siguientes dos veranos, primero en un pueblo de Pensilvania y luego en Boston, Massachusetts. Es cierto que yo entonces era una cría, pero viví tal y como vivían ellos, yo era una hija más, así que la experiencia no podía ser más real.

En mi verano en Pensilvania, fui a parar a una casa de dos pisos hecha con troncos de madera por el propio padre de la familia, que tenía unos bíceps que ni Popeye y una empresa de construcción de este tipo de casas rústicas junto a sus hermanos. Formaba una pareja un tanto extraña con la madre, que parecía una anciana a pesar de que dudo que tuviera más de cuarenta y cinco años. Tenía una cicatriz, como un corte, en la boca que se hizo «en un accidente» y cojeaba como si tuviera la cadera de una octogenaria. A la casa se llegaba desde una carretera comarcal rodeada de pinos, desviándote por un camino de tierra que no estaba ni señalizado. La casa se encontraba en una explanada cuyo perímetro lo marcaban los árboles de alrededor, sin vallas por ningún sitio. A veces salías por la puerta y te encontrabas con un ciervo comiéndose las flores de las jardineras de la entrada. El retrete del piso de arriba estaba hecho en madera y usarlo era como sentarse en un banco con un agujero estratégicamente situado. Yo dormía en el piso de abajo, en una especie de salón de caza, rodeada de rifles colgados en la pared y animales disecados. En esa familia se bendecía la mesa antes de comer, no se hablaba de política jamás y los domingos se iba a misa a un local donde cantábamos canciones en un karaoke y comulgábamos un *corn flake* de Kellog's recién sacado de la caja. Después de vivir la experiencia, a la semana siguiente, les dije que prefería no ir a misa con ellos, que tenía cosas que hacer en casa. No se lo tomaron demasiado bien. No solo me obligaron a ir, sino que también me hacían bendecir la mesa a mí y, el último día, me regalaron una «biblia del estudiante», que era como un libro de texto, con ejercicios al final. La biblia en cuestión era tan gigantesca que tuve que cargarla en la mochila durante el viaje porque no cabía en la maleta.

Aquella fue mi experiencia real, pero di por hecho que mi familia era un tanto extraña. La familia de mi amiga Elena, que también me acompañó aquel verano, era mucho más divertida. Su casa era más normal, aunque parecía un barracón, con una sola planta, pero tenía un dormitorio enorme donde dormían juntas todas las hermanas. A mí me recordaba a la habitación de DJ y Stephanie de la serie *Padres forzosos* y me parecía genial. Aquel verano acampamos en su jardín, contamos historias de terror con la linterna en la barbilla e hicimos *s'mores* en la hoguera, pinchando las nubes con un palo y añadiendo luego onzas de chocolate y galletas.

Otro español de nuestro grupo, a quien veíamos cuando hacíamos excursiones, vivía en una familia donde, en vez de un perro, tenían un cerdo gigante como mascota. Se llamaba Hércules. El cerdo, digo. Curiosamente, no me acuerdo de cómo se llamaba aquel chaval, pero el nombre del cerdo no se me ha olvidado. El chico nos lo contaba con cara de asco: «No os imaginéis un cerdito adorable, es un cacho cerdo enorme, más grande que un perro, con manchas negras y pelos duros en el cogote». El resto nos moríamos de la risa con lo del cerdo. El primer día, el chico se despertó pronto por el *jet lag* y fue a por algo de desayuno a la cocina. El cerdo le perseguía gruñendo y a él le dio miedo, no le fuera a morder una pierna, porque Hércules no le dejaba en paz. Al final, con el ruido despertaron al resto de la familia y, cuando la madre vio el cuenco de cereales con leche sobre la mesa, le preguntó: «No te estarás comiendo los Cheerios rancios de Hércules, ¿verdad?». Pues sí, lo estaba haciendo. Y el cerdo indignado. Normal.

Así que, si has llegado hasta aquí y piensas: «Pues si luego ha tenido que desmitificar EE. UU., es que esta chica es tonta», no te culpo. Antes de cumplir los diecisiete yo ya había tenido contacto con la cara de Estados Unidos más loca, más ultrarreligiosa, más proarmas, más rústica, más inculta y más extraña. Pero todas estas cosas, cuando eres adolescente, son una maravilla. Eran gente rara en un país divertidísimo, donde podías estar como una regadera y, aun así, vivir en una casa grande con jardín hecha con tus propias manos y hasta con un cerdo que comía Cheerios. Yo lo que veía era que todo era posible en Estados Unidos. Carecía, por aquel entonces, de pensamiento crítico. En ningún momento me planteé preguntar, en aquel entonces, a ninguna de mis familias, cuáles eran sus gastos. Si se hacían chequeos médicos rutinarios. Por qué solo comíamos guarradas y yo siempre engordaba tanto (en las ocho semanas que pasé en Florida engordé ocho kilos).

Tampoco le pregunté a mi madre de Pensilvania cómo se hizo aquel corte tan feo en la boca, ni por qué cojeaba como una octogenaria si, en realidad, era una mujer joven. Nunca saqué el tema de cómo pensaban pagar la universidad de sus hijos. Podía haberles preguntado también si nunca habían querido trasladarse o viajar a algún otro sitio. Si no tenían miedo de que las armas que tenían fueran demasiado accesibles. O por qué exactamente habían querido alojar a un estudiante extranjero. Qué sabían de otros países y, más en concreto, de mi país.

Recuerdo que, estando allí con ellos, ETA asesinó a Miguel Ángel Blanco. Yo me enteré porque el padre estaba desayunando con un periódico grandísimo abierto, ocupando media mesa de la cocina, y me dijo: «Belén, hoy sale tu país en las noticias, mira aquí». Era una foto pequeñita en blanco y negro con unas ocho o diez líneas de texto debajo en una fuente muy pequeña. Venía a decir que los españoles habíamos salido a las calles a condenar la violencia. No recuerdo que se interesaran lo más mínimo por la noticia, pero el padre me dijo, cuando le expliqué que había un grupo terrorista en España y que esa manifestación se había celebrado porque la sociedad estaba ya muy harta, «tiene que ser duro vivir en un país con tanta violencia» o algo así.

En aquel momento, el grupo terrorista ETA realmente hacía que la vida en España fuera más violenta. Pero yo ahí tampoco tuve las tablas para contestarle que, en cuanto a la violencia doméstica extrema, ganaba la de su propio país. Un par de años antes, en 1995, Estados Unidos había vivido la tragedia del atentado de Oklahoma, por ejemplo. Un antiguo soldado del ejército estadounidense y un guarda de seguridad hicieron explotar una bomba en un edificio federal de Oklahoma City que incluía una guardería: murieron ciento sesenta y ocho personas, incluidos diecinueve niños pequeños. Hubo cientos de heridos.

También aquel mismo año, en 1995, arrestaron, por fin, al famoso *unabomber*, Ted Kaczynsky, un hombre perturbado que protestaba contra «las lacras de la sociedad moderna» mandando hasta diecisiete bombas caseras por correo a distintas personas. Tuvo que ser duro vivir en un país donde podía explotarte un paquete postal en cualquier momento, la verdad.

En 1996, un estadounidense puso una bomba en el parque olímpico de Atlanta durante los Juegos para protestar contra el aborto. Mató a una persona e hirió a ciento once más. Además, la misma persona —Eric Robert Rudolph— hizo estallar bombas en varias clínicas donde se practicaba el aborto entre 1997 y 1998, matando a un guardia de seguridad e hiriendo de gravedad a una enfermera.

Es decir, ejemplos de atentados terroristas domésticos en Estados Unidos había ya de sobra, a pesar de que aún no había ocurrido la masacre del instituto de Columbine y la sociedad estadounidense no estaba tan terroríficamente acostumbrada a que hubiera tiroteos masivos en las escuelas. Pero mi yo de dieciséis años no tenía, ni de lejos, las herramientas que hacían falta para abrir ese melón, así que cuando mi «padre de Pensilvania» se lamentó de la violencia de mi país, no pude más que asentir y envidiar a Estados Unidos, donde creía que esas cosas no pasaban, ya que era un país superior.

Ahora miro hacia atrás y pienso que algo de razón tenía cuando pensé que, en Estados Unidos, «esas cosas no pasaban». Porque es verdad que hay cosas que no estaban pasando, ni entonces ni ahora, en el país. Y no me refiero al terrorismo, sino al nivel de aquella protesta masiva. La foto diminuta que vi en aquel periódico era la panorámica de la manifestación en Madrid, en la que más de un millón de personas decía «¡Basta ya!» al unísono. Hoy tengo, colgada en la pared, aquella foto. Me recuerda que yo me perdí, por estar en Estados Unidos, uno de los momentos en los que España estuvo más unida y más de acuerdo en algo. Mi país aquel día se indignó entero y salió a la calle para gritarlo. No era momento de envidiar la falsa paz de la sociedad estadounidense, era momento de estar orgullosos de que, por fin, los partidos políticos se ponían de acuerdo en condenar algo en bloque.

Otra pregunta que nunca hice durante la cena a aquella familia de Pensilvania fue si habían visto alguna vez en su vida una película que no fuera estadounidense. Di por hecho que no, ya que, por aquel entonces, mi opinión era que el cine europeo era terrible e indigno de compararse con cualquier producción de Hollywood, a pesar de que ya había ganado el Oscar nuestra querida *Belle Époque*.

La verdad es que si mi familia de Pensilvania no había visto la película de Fernando Trueba, mucho mejor, porque estoy segura de que les habría parecido una ordinariez pecaminosa. Al fin y al cabo, en esta familia se declaraban en contra de la película *Forrest Gump* porque les parecía «demasiado blasfema». Me contó la madre que el padre, de hecho, se levantó de la butaca en el cine y se fueron de la película a medias, porque no lo soportaba más.

En 1998, con las hormonas alborotadas y un año más de pavo, volví, por última vez antes de comenzar la universidad, a alojarme con una familia estadounidense durante cuatro semanas del verano. Esta vez volé a Boston y, al llegar, mientras todos mis compañeros eran recibidos por sus familias con globos y pancartas con sus nombres, a mí se dirigió la coordinadora y me dijo: «Lo siento, la familia que te tocaba se ha descolgado en el último momento. Pero, tranquila, que te hemos encontrado otra. Es solo que hoy están en una boda, pero enseguida vendrán a por ti».

Mientras esperábamos me llevó a su casa, donde se alojaba otro español —Unai, de Vitoria—, quien terminaría siendo mi mejor amigo aquel verano. Yo rezaba para que la casa que me hubiera tocado no fuera como aquella, porque un montón de niños casi albinos, de entre pocos meses y unos seis o siete años, corrían por la casa chillando sin parar.

Cuando se hizo completamente de noche, cayeron todos exhaustos por fin y en aquel salón reinó el silencio. Unai y yo también nos dormimos en el sofá. Entonces aparecieron por la puerta los que serían mis «padres de Boston». Vestidos de fiesta, despeinados y sudados. Él con la camisa abierta, un poco borracho. Ella, embarazada de siete meses, con barrigón, con el maquillaje algo corrido, con un moño casi suelto, pero con la sonrisa más blanca y más perfecta que he visto en mi vida. «¡Houlaaaaaaa!», me saludaron tan alegres, en español. «¡¡Chist, chist, que los niños están en la cama!!», les regañó la coordinadora. Me despedí de Unai y salí de allí. Me subí al coche, pero no me dio tiempo ni de ponerme el cinturón. Su casa estaba al final de esa misma calle. Y, en menos de quince minutos, estábamos los tres durmiendo.

A la mañana siguiente, con la luz del día, vi que mi nueva casa era azul. De estilo neocolonial, con las ventanas blancas. Por la parte de atrás de la casa había una terraza de madera y un jardín no muy grande que terminaba en un lago. Era una casita tirando a pequeña, para los estándares estadounidenses, aunque tenía dos pisos. En el piso de abajo estaba la cocina. «No hagas caso del caos, es que estamos renovando», me dijeron cuando abrí mucho los ojos al ver que, cada vez que sonaba el teléfono y querían escribir un recado, lo apuntaban directamente en la pared, escribiendo en el papel pintado. Una vez incluso vi cómo arrancaban el papel de la pared y se lo llevaban, como quien arranca una hoja de una agenda. A continuación de aquella cocina en obras, estaba el comedor, con una mesa grande, y luego el salón. Al fondo, un dormitorio con un cuarto de baño. Allí dormía mi «hermana», una niña muy dulce y algo tímida que era la hija de él, de un anterior matrimonio, y que, por aquel entonces, tenía once años. El piso de arriba era mucho más pequeño. Solamente tenía el dormitorio principal a mano izquierda y un pequeño cuarto abuhardillado a mano derecha, donde dormía yo, separados por un baño estrecho, de puerta corredera.

A pesar del comienzo accidentado, aquella terminaría siendo mi *family* favorita y la imagen de Estados Unidos con la que decidiría quedarme. Estadounidenses despreocupados, improvisadores, acogedores, divertidos, cariñosos. Su vecina les había dicho que tenía una española que se había quedado a última hora sin casa y a ellos no les importó adoptarme durante ese mes de julio, aunque tuvieran una boda aquel día, aunque estuvieran megaembarazados y todavía adaptándose ellos tres como familia, aunque les coincidiera con sus vacaciones, aunque su casa estuviera medio en obras, aunque tuvieran que compartir conmigo el baño.

Aquella familia era tan ideal como las de las series que yo veía sentada en mi sofá de Madrid. Quizá bastante mejor, incluso. Tenían tres perros de raza golden retriever y un gato. Eran divertidos, mi padre cantaba Bob Marley a pleno pulmón mientras me preparaba tortitas para desayunar. Eran cultos, los temas de conversación siempre eran interesantes. Sabían cómo me sentía, ellos mismos habían vivido la experiencia de vivir en el extranjero cuando tenían mi edad.

Mi Yankimadre, muy aficionada a la historia, sabía perfectamente qué era la organización terrorista ETA sin tener yo que explicárselo. Sabía quién había sido Franco y cuándo sucedió nuestra guerra civil. Había visto muchas películas de Almodóvar y hasta había leído *El Quijote*. Hablábamos de todo, veíamos películas, cenábamos sano, paseábamos a los perros, practicábamos piragüismo en el lago. No había ninguna iglesia a la que me obligaran a ir los domingos. Me preguntaban constantemente cosas sobre España. Me contaron un montón de cosas sobre Estados Unidos. Me hablaron por primera vez de política. Por aquel entonces, el presidente era Bill Clinton y sus comentarios eran así: «qué bochorno lo de Monica Lewinsky... ¿Os ha llegado eso también a España?».

Conducían coches europeos —un Audi y un Volvo—, y no había elementos patrióticos de ningún tipo en la casa. Sin ser ricos, era evidente que no tenían problemas de dinero y me trataron desde el primer día hasta el último como una hija más, no dejando que pagara nunca absolutamente nada. Hacia mediados del mes, me llevaron de vacaciones con ellos. Habían alquilado una casa en Martha's Vineyard, una isla en el Atlántico a la que llegamos en ferri.

Aquel fue, en definitiva, un verano perfecto. Y yo terminé enamorada de ellos.

No es que fingieran ser estupendos durante ese mes para mí. Eran y son así de verdad. Más de veinte años más tarde, seguimos teniendo una estrecha relación y los quiero muchísimo. Son mi Yankifamilia. El año pasado fui a la boda de aquella hermanita tranquila que tenía once años cuando llegué a su casa. Y aquel hermano que aún no había nacido cuando conocí a sus padres es hoy un adulto hecho y derecho que se ha esforzado mucho en aprender español y ha terminado incluso alojándose con mis padres en Madrid, hace poco, para perfeccionarlo.

Yo siempre les digo que gran parte de la culpa de que yo pusiera a Estados Unidos en un pedestal la tuvieron ellos. Mi experiencia estadounidense —que, hasta entonces, había sido divertida, pero surrealista— fue con ellos tan maravillosa que eclipsó, de alguna manera, todo lo «raro» con lo que antes había estado en contacto. Y pensé que, si ellos eran así, era porque hay un Estados Unidos precioso y bueno del que yo quería ser parte. Pensé que ellos eran el equivalente de mi propia familia al otro lado del charco. Que, en el caso de que yo hubiera nacido en ese país, habría nacido ahí, en ese entorno.

Con el tiempo, me he dado cuenta de que el hecho de que ellos sean así de cultos, abiertos de mente y maravillosos es verdaderamente excepcional. Hay más gente increíble en este país, pero no tantos. Y ahora sé que lo que realmente me recuerda ligeramente a mis padres es la conciencia de que las oportunidades que ellos tuvieron en la vida y sus privilegios en la actualidad no son igualmente accesibles para las generaciones posteriores. De la misma manera que mis padres tuvieron suerte y se beneficiaron de una serie de circunstancias que ya no existen en España y que, a pesar de tener que comenzar a trabajar muy jóvenes y proceder de familias humildes, pudieran terminar teniendo una carrera profesional fructuosa y enriquecerse poco a poco, al tiempo que mantenían a sus hijas, mis padres estadounidenses tuvieron la suerte de poder beneficiarse en su juventud de un Estados Unidos que hace muchos años que no existe. Un Estados Unidos en el que, siempre que fueras blanco y estuvieras en el lugar y momento adecuados, tenías más facilidades. De cuando con un solo sueldo podían comer cinco. De cuando no había que endeudarse para estudiar, existían muchas más ayudas e incluso era posible irse, sin tener mucho dinero, a pasar un año en el extranjero. De hecho, fue allí, en su año escolar en Austria, donde ellos dos se conocieron.

Lo que siguen teniendo en común mis padres españoles y mis padres estadounidenses es que ninguno de ellos nos ha querido vender a sus hijos la historia de que todo lo que han conseguido ha sido solamente gracias a su esfuerzo y trabajo duro. Son conscientes de que sí, trabajaron mucho, pero también tuvieron muy buena suerte y unos gobiernos que les ayudaron, y mucho, a prosperar.

Cuando yo vi un cierto paralelismo entre mi familia española y mi familia favorita estadounidense hasta la fecha, aún no sabía que mi generación no viviría mejor que la de nuestros padres. Y aquellos padres postizos de Boston que me arroparon, y me arropan hasta hoy, fueron una pieza clave en mi visión distorsionada de la realidad. Yo quería que la vida me fuera como a ellos, porque veía que ellos eran un poco como mis padres, pero diez años más jóvenes, mucho más divertidos, tenían un lago en frente de su casa y tres golden retrievers en su jardín.

9

EL CUARTITO, DRAMAS Y DECISIONES

Tras esos tres veranos seguidos en Estados Unidos, mi ego adolescente se infló. Era muy guay decir que pasaba mis veranos allí, sobre todo en mi barrio obrero de Madrid, donde yo era la única de mi clase que se iba tan lejos. Aquel último año dejé en Madrid pasando el verano a un novio malote de Pan Bendito que me había echado unos meses atrás. En su familia estaba tan fuera de presupuesto salir al extranjero que, cuando le preguntaron sus padres cómo era que ya no quedaba conmigo y él contestó que yo estaba pasando el mes de julio «en Boston», entendieron que estaba «en Móstoles», y no en Estados Unidos.

Al volver de mis veranos en las Américas, mi pavo adolescente tocaba techo. Memoricé las canciones de TLC y de Babyface que no se sabía nadie y lloré la muerte del rapero 2Pac como la que más, a pesar de que había sabido de su existencia tan solo dos meses antes de su asesinato. Llevaba ropa de marcas que no se encontraban fácilmente y me había visto todas las películas que llegaban en otoño a España durante el verano anterior. Estados Unidos no tenía misterio en mi cabeza, creía que me lo conocía al dedillo. Y mi soberbia adolescente terminó pasando, pero, ya de adulta, volví muchas más veces de turista a mi amado Estados Unidos: visité el Gran Cañón del Colorado, las playas de la costa oeste, alquilé una casita un verano en Cape Cod. Fui a Nueva York unas cinco veces, y a San Francisco otras dos. Y seguí ahondando en mi error.

En total, antes de mudarme a Estados Unidos, yo había «vivido» en suelo estadounidense unos seis meses, en períodos no consecutivos, de mi vida. Y, por eso, pensaba que lo conocía, que lo conocía muy bien. Pero venir de turista unos días, o incluso vivir con estadounidenses un par de meses seguidos o un curso escolar no es residir permanentemente aquí. No ves la realidad completa, aunque vivas en ella. Pero terminas creyendo que lo tienes todo visto.

La diferencia entre ser turista y ser emigrante, por muy expatriado con buen contrato de trabajo y hasta mudanza pagada que seas, es muy considerable. Si vienes de visita, Estados Unidos te recibe amablemente. Eso sí, antes de darte un abrazo, primero se asegura de que terminarás marchándote pronto. Que tu estancia es temporal. Que no vienes para quedarte.

De ahí que, desde el año 2009, te obliguen a rellenar (y a pagar cada dos años) para obtener el ESTA, la autorización electrónica de viaje a Estados Unidos. Y esto es un privilegio que tenemos los españoles y otro puñado de países del mundo, porque, para la gran mayoría de habitantes del planeta, Estados Unidos solo te abre las puertas de su casa si tienes un visado en regla.

Yo no fui consciente del valor de mi pasaporte europeo hasta que descubrí que mis compañeras en el trabajo de Miami, todas ellas procedentes de países de América Latina, tenían mucho más difíciles las cosas para conseguir que sus familiares las visitaran, por ejemplo. Y, cuando en enero del 2017, Donald Trump, a golpe de decretazo, directamente cerró durante noventa días las puertas del país a los visitantes de siete países de Oriente Medio (Siria, Irak, Irán, Libia, Somalia, Sudán y Yemen) con los que, casualmente, no mantenía lazos comerciales, se comenzaron a escuchar historias que me hicieron, automáticamente, empatizar. Sobre todo, la de Osama Aloabi, un estudiante de veinte años de la Universidad de

Dallas que esperó a sus padres, que venían a verle con un visado de turista, durante más de seis horas en el aeropuerto sin poder comunicarse con ellos. Y así hubo cientos de casos en todos los aeropuertos internacionales del país.

Decía Osama durante aquellos días en las noticias que sus padres eran unas personas extraordinariamente amables. Que venían a visitarlo por vacaciones. Que su madre estaba aterrorizada. Que no entendían inglés. Que les habían dado un papel para firmar y amenazado con que, si no lo hacían, irían a la cárcel. En ese papel ponía que aceptaban voluntariamente ser deportados. Afortunadamente, Osama pudo transmitirles el consejo de la Unión Estadounidense de Derechos Individuales de que no firmaran, antes de que perdieran la comunicación.

Yo llevaba ya cinco años viviendo en Estados Unidos cuando ocurrió todo aquello, y el suceso me hizo reflexionar sobre el privilegio que supone nuestro pasaporte de la Unión Europea. Ni se nos prejuzga como potenciales terroristas, como a las personas de países de Oriente Medio, ni se presume, cuando venimos de visita, que nos vamos a querer quedar de forma ilegal o que traemos drogas, como ocurre con las personas de países de Latinoamérica.

El proceso para entrar en el país está diseñado para que no sea amigable. La aduana es una sala en la que se forman colas que pueden durar varias horas. Sin asientos, sin fuente de agua, sin acceso fácil al lavabo. Llegas a ella tras un vuelo de, mínimo, ocho horas y estás cansado. Y, a pesar de que hay otra cola que avanza mucho más rápido, en esa solo admiten a los ciudadanos estadounidenses y, muchas veces, también a los residentes permanentes.

Pero, vengas de visita o vivas en Estados Unidos con un visado, te toca la cola larga. Incluso si viajas con otros miembros de tu familia que sí son estadounidenses, si tú no lo eres, te toca la cola larga y avanzar muy poco a poco, en procesión.

Suele haber personas dirigiendo el tráfico de individuos en los distintos puestos aduaneros. Cuanta más gente ahí, de peor humor están ellos. Cuanto más claro es que eres turista o bien un ciudadano estadounidense de pro, más amables son.

Llegando de forma legal a Estados Unidos, lo peor que te puede ocurrir es que, por error, te veas en la situación de tener que pasar por «el cuartito» o «el cuartico», como lo llaman los colombianos. En el momento en el que el agente de aduanas tiene la más mínima duda acerca de tus buenas intenciones en este país que has decidido visitar, o sospecha de que puedas haber venido a hacer el mal o, lo que es peor, a quedarte más del tiempo acordado, te envían «al cuartico». En el aeropuerto de Miami —el único en el que, afortunadamente, he tenido que vivir esta experiencia— se trata de una puerta por la cual parece que sales del aeropuerto y te adentras en el inframundo. De pronto, el decorado es radicalmente distinto. Ahí no han pintado en siglos. No hay la misma luz, sino unos fluorescentes que aportan un aspecto mucho más lúgubre. No hay ningún tipo de decoración o embellecimiento. Hay carteles en las paredes que te recuerdan que no puedes usar tu móvil y que tienes derecho a un traductor. La sensación es que acabas de entrar en una comisaría. En las sillas de plástico en hileras y de mucha peor calidad que cualquier otra silla del aeropuerto, ves a gente sentada con cara de susto y pinta de ser pobre. Una familia de hispanos que no habla una palabra de inglés, un hombre negro allí solo. En la sala no había más que sillas, guardias de seguridad, unos carteles en las paredes, una máquina de *vending* y una puerta cerrada. Sabes que de allí es de donde te tienen que llamar, pero no sabes cuánto tiempo van a tardar en hacerlo, y el tiempo allí se para.

Cuando yo me mudé a Estados Unidos, en octubre del 2013, llegué con mi visado aprobado y todo fue indoloro. El cuartito para mí no existía todavía. Solo me tocó hacer la cola y enseñar mi pasaporte con su visado nuevecito pegado. Cuando nos preguntaron qué íbamos a hacer mi padre y yo en Miami, contesté: «Yo, comenzar una vida aquí. Mi padre, ayudarme e irse en cuanto esté instalada». El policía cerró mi pasaporte y, tendiéndomelo, me dijo: «*Welcome to the United States*». Y yo me sentí bienvenida y feliz.

Sin embargo, tres años más tarde, la historia en aquel mismo lugar fue muy distinta. Y yo era una persona muy distinta también.

Tras un par de años de matrimonio a distancia, yo viviendo en Miami y mi marido en Madrid, empecé a estar ya muy cansada de llorar por todo: cuando le echaba de menos, lloraba, y cuando me visitaba y le echaba de más, también. Me bastaron un par de años para descubrir que vivir en Estados Unidos no era lo que yo me había imaginado y estaba ya lista para regresar a España, pero me encontré con que él no apoyaba mi idea de volver. Me decía que la vuelta sería un fracaso y que era muy egoísta por mi parte si me empeñaba en tirar la toalla antes de que él pudiera venir conmigo y experimentar por sí mismo el sueño americano. Debía esperar un poco más. Quizá un par de años más. Quizá debiera buscar otro destino, incluso.

Yo, mientras, vivía sola pero no era libre, ya que él me controlaba a distancia hasta el extremo de que yo no podía llamarle jamás (se enfadaba si era yo quien marcaba su número, decía que le asustaba porque pensaba que me había pasado algo), así que era él quien decidía cuándo me llamaba a mí. Pero, poco a poco, fui consciente de que yo cada vez aguantaba menos que me regañara. Cuando se ponía a gritarme por teléfono por cualquier tontería, como que no hubiera cogido el teléfono a la primera, empecé a soltarlo. La magia de la distancia hacía que yo pudiera dejar el móvil berreando sobre el sofá y que solo una vocecilla saliera por el altavoz. Por mucho que gritara, yo cada vez le oía con menos volumen.

Solía llamarme dos veces al día, una de ellas a mis ocho de la mañana, cuando yo estaba en el coche yendo hacia el trabajo. Uno de esos días sonó mi teléfono nada más arrancar el motor. Conecté el manos libres y él comenzó a hablar muy rápido. Acababa de intentar pasar el MIR por segunda vez hacía tan solo unos días y le había vuelto a salir fatal. Me dijo que iba a irse a esquiar una semana.

—Espera, ¿cómo que te vas a esquiar? ¿Con quién?

—Quiero ir yo solo, para despejarme.

Sabiendo su afición por conducir como un kamikaze y bajar montañas fuera de pista, le dije que no me parecía bien que fuera él solo a esquiar, que por qué no iba con algún amigo, mejor. Y entonces, como si hubiera activado esa bomba que él llevaba dentro, comenzó a gritarme otra vez. Y aquel día, por fin, ocurrió la magia: tuve el valor de colgar. Quizá fue porque eran las ocho de la mañana de un lunes. O quizá fue porque llevaba más de dos años ya sin convivir con él. Pero, de pronto, me pareció completamente absurda la razón de su ira y no quise aguantar los gritos aquel día, ni fingir que los soportaba bajando el volumen del teléfono. Directamente colgué, apagué el teléfono y seguí conduciendo en silencio. Mi cabeza también quedó en silencio por una vez. Llegué a la oficina y me centré en mi trabajo. No encendí el teléfono hasta que volví a casa, siendo extrañamente consciente de que hacía demasiado tiempo que no tenía un día con tanta paz.

Aquel día fue mágico y no solo porque yo me atreviera a apagar el teléfono. Le había colgado otras veces, pero en otras ocasiones él me había frito a mensajes y la discusión se había prolongado. Esta vez también había mensajes, pero cuando los vi, al volver a encender el teléfono, ya era de noche en Miami y de madrugada en España. Y aquel día de paz en el que todo fue raro, en mi casa, de pronto, Facebook Messenger me enseñó una notificación por primera vez de un mensaje que había recibido hacía meses y que no había visto antes, un mensaje que, al abrirlo, decía: «Tu marido te tiene muy bien guardada».

Aquella noche no llegué a meterme en la cama. Aquel mensaje me lo había mandado una desconocida, una especie de ángel de la guarda. Una enfermera de un hospital de Madrid que, además, aquella noche estaba de guardia, por lo que pude hablar (y llorar) con ella, a pesar de las seis horas de diferencia horaria. Y gracias a aquella larga conversación con una extraña con la que, muy pronto, tendría un ex en común, descubrí que mi aún marido utilizaba el hecho de tener varios trabajos y carreras universitarias para inventarse distintas vidas, y que solo en una de ellas, la vida que conocía su familia y un puñado de amigos, existía yo. Para algunos muy buenos amigos suyos, aunque le conociesen desde hacía una década, mi marido ni siquiera se había casado. Fingió irse a unas simples vacaciones en uno de sus trabajos cuando, en realidad, nos estábamos yendo de viaje de novios. Entre sus compañeros de universidad —cuando estudiaba su tercera carrera— fingía ser mucho más joven y no haberse siquiera independizado de sus padres aún, a pesar de tener ya treinta y tantos. En otro de sus trabajos simuló estar divorciado de mí para empatizar —y, obviamente, intentar llevarse a la cama— con alguien que estaba pasando por una dura separación.

A esa enfermera que me iluminó tanto aquella noche le contó una historia elaboradísima, cuando ella descubrió, por casualidad, que él estaba casado. A pesar de tener una relación con ella desde hacía muchísimos años, se inventó toda una novela sobre cómo yo le había roto el corazón el mismo día de nuestra boda y me había mudado repentinamente a Italia. Y, algo más tarde, rompió su relación con ella diciéndole que yo había reaparecido de Italia con un hijo suyo que él no sabía que tenía y que su deber era intentar centrarse en la paternidad.

En definitiva, aquella noche descubrí que mi exmarido destrozó las vidas y terminó muy mal con muchas personas, tanto hombres como mujeres, por su afán de ir inventándose vidas paralelas que terminaron conformando un universo complicadísimo.

También descubrí que cuando mi marido venía a Miami a verme, había gente a quien les decía que estaba en Boston él solo visitando a sus amigos del *high school*, donde —según su mundo de fantasía— había estudiado un año escolar. Por eso él se encargaba de traducir voluntariamente al inglés todos los *papers* que preparaba para distintos trabajos y equipos. En realidad, esas traducciones las hacía yo, pero él las vendía como suyas. Porque yo no existía para la gran mayoría de su entorno personal y profesional y, en el momento en el que comencé a tirar del hilo, me di cuenta de que había vivido como en la película de *El sexto sentido*: toda la gente de la que él me hablaba habitualmente y que, según él, mandaba de forma constante recuerdos para mí, me recomendaba cosas o se preocupaba por mis problemas, ni siquiera conocía mi existencia. Hubo invitados a mi boda a los que él se empeñó en dar las invitaciones en mano que, en realidad, nunca supieron que esa boda se celebró. Todas las veces que íbamos a quedar con esos amigos del alma suyos, o incluso llegábamos a planificar un viaje juntos, terminaban en algún imprevisto por el cual había que cancelar el evento. Efectivamente, mi marido me tenía guardada bajo siete llaves y yo solo existía para su familia y para muy pocos más. Y obviamente, el que yo me hubiera ido de España, para esta arquitectura emocional complejísima que se traía entre manos ese hombre a quien yo creía que conocía tan bien, le había venido fenomenal.

Aquello fue un *shock* enorme y el motivo de mi separación. Le pedí que no volara más a Miami a verme. Él tenía un vuelo comprado para un mes más tarde y sentí tanto miedo de que pudiera presentarse en mi casa que cancelé mi contrato de alquiler y me mudé precipitadamente, con ayuda de mis padres, a otro lugar en la ciudad. Al descubrir que se había desmontado la gran mentira en la que él estaba viviendo su vida, no sabía cómo iba a reaccionar. Pero él, en el momento en el que se vio al descubierto y sin posibilidad de ser perdonado, desapareció. Bloqueó mi número de teléfono y no me volvió a hablar jamás.

Le pedí a su madre, a quien yo quería mucho, que, por favor, me siguiera informando sobre el estado de salud de mis perras viejecitas. Ella me prometió que lo haría, pero luego nunca cumplió con aquella promesa. Supongo que el miedo de saber cómo de agresivamente reaccionaría su hijo si sabía que no me estaba castigando como él había elegido fue mayor que la lástima que yo le diera.

Y el no volver a saber nada de mis perras fue, durante años, un castigo brutal.

Me divorcié a través del Consulado de Miami con la ayuda de mi padre, a quien hice un poder. Él hizo un poder también al suyo para no tener que ir a firmar. Y yo, en esos momentos, me agarré con fuerza a Estados Unidos. Me sentí muy agradecida de estar tan lejos. Me reconcilié con el país porque mis ganas de volver a España se esfumaron. De hecho, en aquel momento juré que no pondría un pie en Madrid nunca más.

Estuve medicada durante bastante tiempo por un psiquiatra y comencé a ir a terapia con una psicóloga. La primera frase que le dije, hipando, fue: «Acabo de descubrir que mi marido lleva una década fingiendo no conocerme de nada en muchos círculos. Y estoy destrozada, porque, por lo demás, él era perfecto».

Eso dije. Literalmente esas palabras.

Afortunadamente, aquella terapia sí me sirvió. No solo para superar mi separación y la ducha de vergüenza y sensación de profunda estupidez que me impregnaba, sino para identificar todas las *red flags* que podrían (y deberían) haber sido razón de divorcio mucho antes de descubrir todo aquello. Y, milagrosamente, no solo volví a confiar en los hombres —algo por lo que yo no daba un duro en aquel momento—, sino que pocos meses más tarde me enamoré hasta las trancas de otro. Un yanki de Miami llamado Adam que me sorprendió tratándome como a una reina y dio una vuelta a mi vida como si fuera un calcetín. Terminé incumpliendo —cómo no— todas las promesas que me había hecho a mí misma al comenzar a quedar con él, al enamorarme de él, al casarme rápidamente con él y, un año más tarde, al volver a pisar Madrid yendo con él de visita. Y fue ahí, tras ese viaje juntos, a la vuelta, cuando me encontré con que Estados Unidos ya no me recibía con el mismo cariño con el que lo había hecho años atrás, a pesar de que ahora era ya más «de dentro» que «de fuera».

Yo, en aquel momento, ya no tenía mi visado de trabajo en activo. Por mi matrimonio con mi Yankimarido, había hecho la petición formal a la oficina de Inmigración para recibir mi tarjeta de residente permanente —lo que llaman aquí la Green Card—. Al no haberla recibido todavía, estaba en una especie de limbo y viajaba con un Advance Parole, un permiso para volver a entrar en el país mientras esperas a que tu petición se resuelva. Es decir, que mi estatus era algo más complicado, pero yo tenía todo mi papeleo en orden. Pero en el Advance Parole se indica muy claramente que ese permiso queda ligado a la decisión del agente de aduanas. Viajar puedes, pero estás a merced del agente que te toque para poder volver a entrar en Estados Unidos, o no. Al que me tocó le debió de parecer muy sospechoso todo, a pesar de que viajábamos en familia, Yankimarido, mi perro Pancho y yo un 2 de enero, tras la vuelta de las Navidades.... Así que nos hizo pasar a los tres «al cuartito».

Yankimarido estaba sentado a mi lado, alucinando con la estética intimidatoria de aquel lugar escondido en el aeropuerto. Se fijó en la máquina de *vending* porque notó que era mucho más antigua que las que se ven en la actualidad en otros sitios, incluyendo cualquier sala de ese mismo aeropuerto. Ni siquiera había baños normales, solo había uno y mixto. El suelo no tenía laminado. Las paredes estaban sin pintar. La iluminación era mucho más pobre. Había carteles en las paredes colgados con chinchetas. Todo se veía cutre, viejo y sucio. Él era el único estadounidense allí y el único blanco también, a excepción de los agentes de aduanas, claro. Llegó un momento en el que la puerta aquella se volvió abrir y me llamaron para que entrara llevando todos mis papeles. Dejé a mi perrillo Pancho con Yankimarido y allá que fui, medio temblando. Es como cuando te para la policía en el coche y, aunque tú sepas que no ibas a más velocidad de la permitida, te entra ese miedo de no saber si la has liado. Allí entré a otra sala, más o menos del mismo tamaño, pero vacía. Se veían otras dos puertas cerradas al fondo. Había unas sillas de espera en el centro y pegadas a las paredes y una de las paredes estaba llena de «peceras» con cristal blindado, como las taquillas de una estación de metro. Solo una tenía luz y estaba ocupada por un agente de aduanas en uniforme. Me acerqué al cristal y saludé. Una voz metálica salió de un altavoz y el agente me pidió mi pasaporte, el Advance Parole, mis papeles de petición de la residencia permanente y mi licencia de matrimonio. No me dio conversación, solo mencionaba los documentos necesarios sin una sonrisa o atisbo de humanidad. Afortunadamente, yo lo llevaba todo. Me preguntaron que cuándo me había casado, que adónde había ido, que por qué volvíamos ese día y no otro. Se quedaron con mi pasaporte y me hicieron regresar a la primera sala de espera.

Me sentí muy vulnerable sin mi pasaporte en la mano. En ese cuarto no te protege ni la ley española ni la estadounidense. Sientes, en ese momento, que pueden hacer contigo lo que quieran. Un buen rato más tarde me volvieron a llamar y esta vez nos pidieron que nos acercáramos los dos juntos a la taquilla acristalada. Preguntaron a Yankimarido que qué habíamos hecho en España. Él contestó: «Hemos ido de vacaciones de Navidad. Ella es mi mujer». Y entonces me devolvieron mi pasaporte y se abrió una de las dos puertas del fondo. Y, cuando salimos —de vuelta al iluminado, limpio y moderno aeropuerto de Miami—, supimos que habíamos abandonado el Estados Unidos más feo posible. Ese que definitivamente no se alegra de verte. Si no les hubiese convencido mi historia o mi pasaporte, se habría abierto la otra puerta en vez de la de la salida. Esa otra puerta era la de la antesala a las repatriaciones, a las detenciones o al limbo aeroportuario. Tres variedades del infierno que espero no conocer nunca.

Yo sabía de la existencia de ese «cuartito» porque me habían contado sus experiencias mis compañeras colombianas y venezolanas de la oficina. Todas habían pasado por la experiencia de esperar horas allí en algún momento. Pero nunca imaginé que fuera tan desagradable el proceso.

Años más tarde, he podido conocer historias de otras personas españolas que pasaron por el cuartito. Gente que tuvo que entrar ahí sola, separada de su familia, y esperar durante horas. En algunos casos te confiscan el teléfono además del pasaporte. Y todo por una confusión. Quizá tu nombre se parezca demasiado al de alguien buscado por la Interpol o el FBI. O quizá hayas dudado al dar la dirección en donde te piensas alojar durante tu estancia y eso haya hecho levantar sospechas. O quizá hayas viajado muchas veces seguidas a Estados Unidos. Cualquier cosa, en realidad, puede hacerles saltar una alarma. Y es todo tremendamente subjetivo. Hay aspectos físicos, nacionalidades y otros factores que gustan más que otros. Ni sabes por qué te va a tocar, ni sabes durante cuánto tiempo, a pesar de tener tu situación completamente regularizada, vas a terminar ahí metido.

Y es que lidiar con Inmigración, la oficina del USCIS —U.S. Citizenship and Immigration Services, en inglés—, es una de las barreras más ásperas a la hora de establecerse en Estados

Unidos. Al igual que cuando pasas por el control de seguridad de un aeropuerto cualquiera del mundo te pueden cachear después de haberte hecho descalzarte, quitarte la chaqueta, el pañuelo y hasta el reloj, esa misma sensación de pérdida de dignidad y de tener que hacer lo que te digan, aunque no tenga demasiado sentido, es una constante en el proceso migratorio que, además, no dura cinco minutos como el control del aeropuerto, sino que puede alargarse durante años y años.

Los visados, para empezar, son herramientas que utilizan muchas empresas para la contratación de personal extranjero. Pero los visados tienen un precio muy caro: el primero, el monetario, que asciende a varios miles de dólares entre tasas y abogados, suele pagarlo la empresa. Pero un visado no es un regalo: la empresa se lo cobra de otra manera para que ese proceso le salga rentable, normalmente explotando al trabajador, quien, una vez aterrizado y asentado en Estados Unidos, se ve esposado a la organización que mantiene su estatus legal. No puedes trabajar para nadie más si tu empresa es tu «patrocinadora». No puedes amenazar con irte a la competencia si no te suben el sueldo pasado un tiempo, o te niegan una promoción de forma injusta, o te empeoran tus condiciones. En mi caso, la promesa de que me devolverían al puesto del que había retrocedido en cuestión de un año, de pronto pasó al olvido y todo fueron excusas. Lo que aprendí es que, si tu visado depende de tu empresa, pasas a ser su esclavo. Porque, en el momento en el que decidan prescindir de ti, no solo te quedas en la calle: te quedas en la calle con una vida rehecha en un país distinto y una notificación de que te toca irte a tu país de vuelta y dejarlo todo atrás en cuestión de unas semanas, ya que pasas a ser un inmigrante ilegal.

Para evitar esta situación, lo que se recomienda es que, tan pronto como se pueda —y los tiempos varían en función del visado— uno pase a conseguir el estatus de residente permanente. Es decir, que, en vez de un visado, consigas tener una Green Card. Con la Green Card puedes trabajar en cualquier lugar de Estados Unidos, así que se te abren todas las puertas laborales. Eso sí, la Green Card tiene un coste muy alto: no solo en tasas y en abogados —como poco, puedes gastar unos dos mil quinientos dólares y, si tienes mala suerte, como fue mi caso, y tu proceso se complica, puede superar los cinco mil—. Las empresas suelen ayudar a conseguir la Green Card a sus empleados más valiosos, pero los trámites suelen ser lentos. No les interesa hacerlo, salvo que te vaya a caducar ya tu visado y quieran que te quedes permanentemente, porque saben que este cambio puede suponer tener que esforzarse para retenerte. Hay empresas que te marean, que se hacen las locas y que te dicen que comienzan el proceso, cuando en realidad, no lo están haciendo, solo para alargarlo lo más posible. En mi caso, descubrí que el visado con el que me habían traído en realidad correspondía a ese puesto superior que no me querían volver a asignar, así que no podían empezar el proceso de la Green Card sin tener que volver a mentir, y no querían meterse en ningún fregado legal. Cuando me di cuenta y lo confirmé con abogados, pasé a ser un *liability* en la empresa. Un problema. Les podría denunciar a Inmigración por hacer las cosas mal. Por eso me hicieron creer que, por el momento, estaban haciendo todo lo posible por rectificar ese proceso y que me iban a renovar mi visado. Me obligaron a, entre otros sinsentidos, escanear todas las páginas de mi pasaporte, una a una, con la excusa de que los abogados lo pedían —para ganar tiempo y, mientras, me cambiaron mis responsabilidades y pasé a tener que hacer tareas absurdamente manuales, con un riesgo altísimo de fallar—. Yo me alarmé, avisé hasta a cuatro responsables distintos de que lo que me estaban haciendo planificar, y de la manera en la que me obligaban a hacerlo, era un auténtico suicidio. Yo ponía toda mi atención al picar aquella inmensa cantidad de datos, pero estaba aún bajo la medicación que tomaba para evitar que me dieran más ataques de pánico, y me estaba viendo obligada a responsabilizarme ahora de un documento de Excel con una centena de pestañas en las que tenía que revisar, una a una, la formulación de miles de celdas para evitar que hubiera un error y no facturásemos de menos o de más por las campañas de televisión de uno de los mayores grupos empresariales del mundo de la belleza mundial. Sabía que, tarde o temprano, cometería un error. Y tardé unos tres meses en caer, pero al final lo cometí y facturé varios miles de dólares de menos a un cliente. Y entonces, aunque la cadena entendió lo sucedido y se pudo solucionar todo sin que supusiera daños para la empresa, Recursos Humanos me abrió un expediente sancionador y me dijeron que estaría en *probation* durante un tiempo. *Probation* es como llaman al período de prueba o también a la libertad vigilada de los presos. Cuando les dije: «Ah, que me vais a echar...», me aseguraron que no, que no pasaba nada, que en unas semanas aquello se cerraba y pasaríamos página todos. Que aquello era un proceso muy habitual en Estados Unidos que hacían siempre que había un error de facturación, por puro protocolo nada más. Que no tenía nada de qué preocuparme y que mi visado seguía en trámites, a puntito ya de llegar la renovación. Que nada tenía que ver una cosa con la otra. Que no me pusiera dramática. Y dos semanas después, cuando quedaba ya menos de un mes para que caducara mi visado, me dijeron que, como estaba en *probation*, no les quedaba otra que no renovármelo. Y, por ende, me tenía que marchar del país.

En un ataque de benevolencia, supongo, me ofrecieron buscarme un puesto de trabajo en Argentina o en Colombia, pero yo lo rechacé. También me ofrecieron, a cambio de que yo firmara unos documentos que habían redactado ellos como si dijeran la pura verdad, tramitar con sus abogados una extensión por un período de tres meses en los que yo no podría trabajar legalmente en Estados Unidos ya pero sí permanecer en el país «para cerrar mis asuntos con calma». Para vender mis muebles, para finiquitar el *lease* de mi coche y el alquiler de mi casa, pagando yo todas las penalizaciones por incumplimiento de los contratos, claro.

Yo firmé todos los papeles, acepté la extensión, recogí mis cosas y compré un billete de avión de solo ida a España para Nochevieja del 2016 porque me obligaban a demostrar mi buena intención de abandonar el país en un futuro muy cercano. Comencé a vender algunos muebles de mi casa. Me hice un perfil en Airbnb y empecé a alquilar el dormitorio de invitados de mi piso a distintas personas para tener algún tipo de ingreso. Me daba tanto miedo meter a extraños en casa que a la primera inquilina, Elizabeth, la entrevisté primero en un Starbucks. Ella, una chica venezolana de mi edad que estaba en Miami con intención de enterarse de cómo invertir en un piso, se terminaría convirtiendo en un apoyo inmenso para mí. Elizabeth fue mi primera inquilina y, un par de meses más tarde, también la última, porque volvió a Miami, con su hijo esta vez, y me alquiló la habitación hasta el último día posible sin importarle que yo fuera vendiendo todo lo que había en su cuarto hasta dejarles poco más que la cama.

Elizabeth, otros muchos inquilinos a los que alojé y después Elizabeth con su hijo de nuevo fueron una pieza clave de mi salud mental en aquellos meses de ansiedad e incertidumbre. La casa nunca estaba vacía y las noches eran menos largas.

Hice una gira por todos los abogados de Inmigración más recomendados para averiguar si había alguna forma de conseguir un visado alternativo. Visité a un empresario español que se acababa de instalar a todo trapo en Miami con su familia a pesar de tener una empresa de medios minúscula en España porque, según él, todo le iba fenomenal. Unas semanas antes me había contactado para pedirme asesoramiento. La plantilla de aquella empresa en Miami la formaba solo él mismo y no tenía ni idea, en aquel momento, de cómo introducirse siquiera en el mercado internacional. Ofrecí mis servicios profesionales a cambio de un visado que él me podía proporcionar. Me dijo que no, que tenía que contratar, en algún momento y vete tú a saber cuándo, a alguien estadounidense para poder mantener sin problemas su visado de inversor. «No puedo arriesgar así el futuro de mi familia, Belén.» Y nos despedimos deseándonos suerte mutuamente. A mí me comía la ansiedad.

El camino más fácil para resolver aquel pequeño inconveniente de no poder residir en el mismo país que tu novio se resolvía casándonos y lo sabíamos. Él no tenía inconveniente, no quería que yo me fuera del país, a pesar de que toda la situación nos quedara grande por varias tallas. No llevábamos ni un año saliendo, ni siquiera habíamos hablado antes de irnos a vivir juntos y yo (o mi padre, en mi nombre) aún no había firmado el divorcio con mi exmarido siquiera. Además, yo me había prometido a mí misma que no me iba a volver a casar. Pero, claro, también es cierto que me había prometido no hacer nunca jamás demasiadas cosas y, en ese momento, tenía que incumplir una de ellas por incompatibilidad con la otra: o volvía a pasar por la vicaría o volvía a España. Así que decidí volverme a casar, tan pronto como me llegara el divorcio, claro.

Por suerte, el proceso ya lo había comenzado varios meses antes de saber que todo aquello iba a estallar. Mi madre me lo dijo en mi cumpleaños: «Hija, el divorcio cuanto antes mejor. Hazlo ya». Y ellos mismos me buscaron abogado, procurador, todo.

En el mes de diciembre, una semana después de firmar ese divorcio por poderes, Adam pasó de ser Yankinovio a Yankimarido. Y, unos días más tarde, yo entregaba toda la documentación necesaria y pagaba las tasas para solicitar la dichosa Green Card.

10

LA TARJETA VERDE (ESPERANZA)

Lo bueno de conseguir la Green Card definitiva es que ya no es necesario tener que renovarla hasta pasados los diez años y eso es todo un respiro. Además, pasados cinco años con la Green Card —o tres, en caso de haberla conseguido por matrimonio con un ciudadano estadounidense— puedes optar a la ciudadanía. Y lograr la ciudadanía, es decir, que te den el pasaporte estadounidense, es todo un triunfo. No solo porque pasas a poder votar y convertirte en «ciudadano de primera clase» en este país... Lo mejor de todo es que ser ciudadano americano te permite dejar de tener que hacer trámites con la oficina de Inmigración durante lo que te quede de vida. Y eso sí que es recuperar la paz mental.

Tras la experiencia estresante del «cuartito» en enero del 2018, me dije que no me arriesgaría a volar con el Advance Parole nunca más. Pensé que mi Green Card tenía que estar al llegar y decidí esperar a tenerla. Pero la Green Card no llegaba, parecía haberse estancado tras haber ido a dar mis huellas dactilares y había quedado a la espera de que me dieran cita para la entrevista personal. Envié decenas de peticiones a la oficina de Inmigración para que me dijeran qué pasaba con mi caso, pero la respuesta era, si me la daban, que todo estaba «en proceso». En paralelo, nos iban llegando noticias de que Trump estaba dedicando más esfuerzos a expulsar inmigrantes que a admitirlos por la vía legal, así que a los abogados de Inmigración a los que pregunté por ese retraso les parecía una consecuencia normal por la falta de recursos. Y así fue pasando el tiempo.

Lo que sí que llegó enseguida, a los tres meses de solicitar la residencia, fue mi permiso de trabajo, y por tanto podía trabajar legalmente mientras avanzaba el proceso.

Sin embargo, estar en el limbo legal que suponía que mi situación migratoria fuera la de «en espera de la Green Card» me perjudicó en varios sentidos. Para empezar, en el año 2017 no pude comprarme el coche que yo quería. Por aquel entonces caducaba el contrato que tenía con Volkswagen y quise cambiar mi Jetta por un Honda HR-V, que tenía muy buenas críticas. Armándome de paciencia, porque ir a comprar un coche aquí siempre es una aventura nada agradable, me acerqué al concesionario Honda más cercano para probarlo y, muy posiblemente, comprármelo.

El vendedor no era demasiado listo. Sobre todo, porque entiendo que utilizaba los mismos argumentos de venta para todos sus clientes. Es la única explicación que le doy a que me dijera que una de las grandes ventajas del HR-V frente al coche que yo tenía era que el Honda se fabricaba en Estados Unidos, y no en México, como el Volkswagen. Yo disimulé y, con bastante sarcasmo, exclamé:

—¡No me digas! ¿Y en qué estado se fabrican estos, exactamente?

—Pues... mmm... tenemos una fábrica muy, muy importante en Canadá, otra en Texas....

—Pero Canadá no es Estados Unidos.

—No, jejeje... No, pero tú me entiendes. No es México.

No podía ser muy listo metiéndose en un jardín así con una persona de acento y apariencia hispana como soy yo. Pero, aunque él me pareciera un racista, el coche me seguía gustando, así que le dije que quería comprarlo.

—¿No quieres llamar a tu marido primero para que pruebe él también el coche?

—No, no hace falta. El coche es mío.

Tras un par de horas tortuosas de negociación en el concesionario, llegamos a un acuerdo sobre el precio y me pidieron la documentación para poder empezar a firmar. Yo les facilité mi permiso de conducir y mi número de la seguridad social. Cuando les expliqué que mi estatus migratorio estaba en espera de noticias por parte de la oficina de Inmigración, me dijeron que sin mi marido allí no podían venderme nada.

Me enfadé, me enfadé mucho. Porque yo ni era inmigrante ilegal ni necesitaba a mi marido para poder comprarme un coche. Aun así, le llamé y le pedí que trajera todos los papeles. Y, a la media hora, allí estaba mi Yankimarido a modo de aval, con nuestro certificado de matrimonio, con mi pasaporte, y con la carpeta enorme de papeles correspondientes al proceso de petición de mi Green Card. En el concesionario hicieron fotocopias de algunas cosas, nos hicieron esperar dos horas y me hicieron sentir basura dirigiéndose a mi marido en vez de a mí. En un momento dado, incluso bromearon al disculparse por la demora, argumentando que todo aquel jaleo era necesario «no me fuera a divorciar mañana mismo». Nos prometieron que nos llamarían al día siguiente para avisarnos de si podían finalmente venderme el coche o no. Tenían que valorar «los riesgos». Les dije que no se molestaran, que se me acababan de pasar las ganas. Según salí de Honda y le dije a mi marido que se fuera para casa, me fui a Toyota y me terminé comprando (o haciendo un *lease* por otros tres años, mejor dicho) un Prius. Me daba igual el coche, la verdad. Me daba igual todo ya. Solo quería comprarle un coche a un comercial que ni considerara imprescindible que estuviera allí mi marido ni tuviera problema alguno con mi legalidad en este país. Esos eran todos mis requisitos.

Esto de no comprarme el coche que yo había elegido por causas relacionadas al retraso por parte del Departamento de Inmigración en mi petición de residencia permanente no ocurrió solamente una vez. Pasados los tres años del *lease* del

Prius, volví a verme en la misma situación. Entonces, tras ver que en Toyota no les interesaba renovarme el coche por otro idéntico —yo había terminado encantada con mi Prius, a decir verdad, y no me hubiera importado repetir con ellos—, me fui a Subaru a por un Crosstek, que me gustaba mucho también.

Allí, en Subaru, me volvió a suceder lo mismo. Consciente de que habían pasado ya más de tres años y mi ansiada Green Card seguía sin llegar, a pesar de mi constante seguimiento y esfuerzos con abogados, sabía que esto podía suponer un problema. Era consciente de que el tema olía raro, pero no era culpa mía, ni había nada que yo pudiera hacer al respecto. Había tenido un Toyota durante tres años sin problema alguno y un Volkswagen durante los tres años anteriores. Mi historial de crédito era ya muy de fiar. Tenía estabilidad, trabajo y un buen sueldo. Así que me animé yo sola. Me gustaba mucho el coche. Conseguí, después de muchas horas, una buena negociación. Firmé los papeles. Dejé allí mi Prius y me llevé un Crosstek aquella misma noche a mi casa. Pero, a la mañana siguiente, me llamaron para pedirme que fuera y que fuera con mi marido. Una vez allí, nos dijeron que había habido un problema y no podían venderme el coche. Su entidad financiera les había dicho que el riesgo era demasiado alto debido a mi estatus legal. O compraba el coche mi marido o había que deshacer el contrato.

Lloré de rabia delante de ese comercial. Después rompimos el contrato y nos fuimos en mi Prius.

Nos fuimos hasta Nissan porque era el concesionario más cercano. Entramos por la puerta y fui derecha al encargado:

—Quiero hacer un *lease* de uno de sus coches, llevo más de tres años casada con mi marido y por alguna extraña razón USCIS aún no me ha mandado la Green Card. Tengo permiso de trabajo, trabajo fijo, un sueldo majo, número de la seguridad social y buen historial de crédito. ¿Ustedes me venderían un coche a mí sin necesidad de meter a mi marido en el contrato sí o no?

La respuesta fue sí. Y por eso tengo un Nissan.

Esto de no poder comprarte el coche que te guste porque haya marcas que te consideren «cliente de riesgo» si no eres residente permanente es solo un ejemplo tonto de lo que te puede joder la vida la oficina de Inmigración de Estados Unidos sin motivo alguno. Pero, para mí, lo peor fue cuando viví esta misma discriminación en el proceso de selección para un trabajo. En un principio se mostraron todos increíblemente interesados en mí, hasta que el director general quiso conocerme en una tercera entrevista y me preguntó por mi situación personal, pasándose por el forro unas cuantas barreras éticas, dicho sea ya de paso.

—¿Estás casada, Belén?

—Sí

—¿Con otro español?

—No, mi marido es estadounidense.

—Ah, qué bueno.... ¿Y tienes niños?

—No... No tenemos.

—Entonces, ¿eres ya ciudadana americana?

—No, estoy en proceso para conseguir la residencia permanente. Ya me llegó el permiso de trabajo, pero aún estoy esperando a que me llegue la Green Card. Al parecer, este año hay mucho retraso.

—Pero, ¿cuándo la solicitaste?

—Hace año y medio.

—Uy, qué raro... No suele tardar tanto. Eso es que hay algo raro. Sospecha de matrimonio por conveniencia, quizá.

—Pues no lo sé, pero mi matrimonio es real.

—Pero eso es muy raro... Cualquier abogado te lo puede decir. Vamos, si quieres te doy el contacto de mi abogado y que te ayude con eso... porque no es nada normal.

—Ah, pues sí, muchas gracias. He estado en contacto con

varios, pero ninguno ha sido de gran ayuda. En cualquier caso, puedo trabajar legalmente con mi permiso de trabajo hasta que me llegue la residencia, que es cuestión de tiempo.

—...Ya.

«Ya», pero en aquel trabajo me hicieron un *ghosting* como un piano. Jamás me volvieron a llamar y, cuando escribí al director para pedirle el contacto de ese abogado que, según él, podría ayudarme, nunca contestó. Sospecho que el hecho de que no me hubieran dado la Green Card le dio mala espina y eso me dejó sin ese puesto.

Afortunadamente, el trabajo en Estados Unidos es una de las pocas cosas que no faltan, y en mi sector —marketing y publicidad— hay muchas oportunidades, así que pronto encontré otra oferta mejor donde mi proceso migratorio no les pareció tan extraño y aceptaron gustosos contratarme con mi permiso de trabajo. Pero ese permiso de trabajo no es algo permanente: caduca al año y no se renueva automáticamente. Tuve que renovarlo hasta dos veces porque la dichosa cita de la entrevista personal para obtener la Green Card seguía sin llegar. Así que yo pasaba mis días revisando la página web del Departamento de Inmigración, pidiendo que, por favor, me dijeran cuál era el estado de mi petición de la Green Card, rellenando formularios, adjuntando documentación y haciéndome fotos de carnet a todas horas para renovar el permiso de trabajo en tiempo y forma, por correo urgente certificado. La primera vez que renové el permiso de trabajo, la tarjeta nueva llegó unas semanas antes de que me caducara la anterior. Pero la segunda vez que lo hice fueron pasando los días y no llegaba nada a mi buzón. En mi trabajo ya estaban preocupados, me dijeron que no podrían pagarme la nómina al no recibir la tarjeta nueva y pasar a convertirme en ilegal. Estuve días sin dormir bien. Y el permiso de trabajo llegó exactamente un día antes de que caducara el anterior. La sensación de alivio que sentí frente al buzón al abrir aquella carta es indescriptible.

Había pasado un año desde aquel mal trago del «cuartito» en la aduana y echaba mucho de menos a mi familia. Las Navidades anteriores las habíamos pasado en Miami porque mis padres habían venido de visita, pero quería ir a España para ver a mis sobrinos y al resto de mi familia. Tocaba volver a casa, aunque no hubiera llegado aún la maldita Green Card. El problema es que mi permiso para viajar había caducado y no se había renovado automáticamente al hacerlo mi permiso de trabajo. Además, Trump subió todas las tasas. Ahora me pedían casi seiscientos dólares por solicitarlo de nuevo. O pagas o no sales del país. Y, aunque pagues, si sales del país, recuerda que queda a criterio del agente de aduanas permitirte el paso o no. Así que decidí no pagarlo y seguir encerrada en esta jaula de oro que es Estados Unidos un poco más de tiempo. Por aquel entonces ya llevaba más de tres mil dólares gastados en todo el papeleo, la petición de la residencia permanente, pruebas médicas necesarias, citas con abogados, envíos certificados y fotos de carnet, y me dije: «se acabó. Ya no van a volver a ver ni un duro mío».

¡Ja! La banca siempre gana.

11

LA SANGRÍA NO SIEMPRE ES UNA BEBIDA

En el 2019 me sentí muy encerrada en *the land of the free*. Hacía año y medio que no podía salir del país y tenía pinta de que aquello continuaría aún durante una temporada. Decidimos aprovechar para viajar todo lo que pudimos por territorio nacional. Durante ese tiempo visitamos Memphis, cruzamos Misisipi, llegamos a Luisiana. Fuimos a una boda en Colorado y aprovechamos para subir a Dakota del Sur y Wyoming. Pasamos Acción de Gracias con mi familia de Boston y en Navidades visitamos a familiares de Yankimarido en California. En todo caso sentí que estábamos aprovechando el tiempo: si no podíamos salir del país, al menos disfrutaríamos aquí dentro.

Lo que ni yo ni nadie sabíamos por aquel entonces es que pocos meses más tarde iba a llegar una pandemia que restringiría mucho más nuestra libertad de movimiento. En mi entorno, el inicio del coronavirus se vivió con incredulidad. Como una de esas amenazas de huracán, tan frecuentes en el sur de Florida, que hay que ir controlando en las noticias, pero sabiendo que quizá terminen solo en un susto y poco más. Sin embargo, llegó un momento, a finales de marzo, en el que ya no quedaba papel higiénico en ningún supermercado y entonces fue cuando en mi oficina se decidió cerrar. Nos fuimos todos a casa a trabajar a distancia, nos llevamos nuestro ordenador, nuestros monitores y hasta la silla de la oficina.

Yo, por aquel entonces, estaba francamente preocupada por cómo estaban evolucionando las cosas en España. Todos, en redes sociales, animábamos a otros a quedarse en casa y salir solo lo imprescindible. Y el mismo día que oficialmente se cerraron las fronteras y se cancelaron los vuelos recibí una carta en mi buzón. Una carta de la oficina de Inmigración. Una carta, por fin, sobre mi dichosa Green Card.

Yankimarido también tenía otra carta a su nombre. Y cuando abrimos esos sobres abultados y leímos, conteniendo la respiración, cada uno la nuestra, otro pánico, además del pandémico, entró en nuestra casa. La carta de Yankimarido venía a decirle que, sintiéndolo mucho, su petición (porque es petición del ciudadano estadounidense el otorgar la residencia permanente a su esposa) había sido denegada. Explicaban que, debido a que nunca nos habíamos presentado a una cita para la que, según ellos, nos habían convocado hacía meses, ni haber pedido que se reagendara, habían interrumpido y cancelado el proceso.

Aquello estaba muy lejos de ser verdad. Llevábamos casi cuatro años muy pendientes del buzón, esperando aquella convocatoria. Nos habíamos mudado de piso un par de veces durante aquel tiempo, pero siempre habíamos hecho el cambio de residencia correspondiente, para evitar cualquier confusión. Y, aun así, parece ser que enviaron la carta a una dirección equivocada sin acuse de recibo y, por no recibir respuesta alguna, ahora denegaban la solicitud.

Mi carta daba todavía más miedo. Me comunicaban que no aprobaban mi petición de ajuste de estatus por matrimonio y me daban quince días para abandonar Estados Unidos.

Al final, el señor aquel del trabajo que nunca me dieron años atrás tuvo su parte de razón. Había algo raro en mi petición.

Me costó casi tres mil dólares adicionales, entre tasas y pago a la abogada, la petición de que reabrieran mi caso y la demostración de que llevaba años pendiente de este proceso, actualizando mis datos y solicitando actualizaciones a través de su página web, todo en vano. Solo el resumen que detallaba las fechas de todas las veces que había hecho seguimiento sobre mi caso ocupaba tres páginas.

La abogada nos aconsejó que Yankimarido contactara con la representante de su distrito en Washington D. C., así que llamó a la oficina de la congresista Debbie Wasserman Shultz y dejó un mensaje en su contestador:

«Hola, soy Adam Moss. Mi mujer se llama Belén Montalvo, es española y en diciembre del 2016 rellenamos la solicitud de ajuste de estatus migratorio para solicitar su residencia permanente. Desde entonces hasta ahora no hemos recibido noticias de USCIS salvo la vez que le pidieron que fuera a dar sus huellas. Hemos hecho constante seguimiento del caso, pero nunca hemos recibido más respuesta que la de que el caso seguía en proceso. Esta semana hemos recibido una carta diciendo que han rechazado nuestra solicitud porque dicen que nos convocaron a una entrevista y no fuimos. Eso no es cierto. Nunca recibimos ninguna carta. Necesito su ayuda, por favor. Es urgente. Les dejo mi número de teléfono...».

A mí aquello me parecía de un surrealismo extremo. Que una congresista en Washington D. C., representante del distrito 23th de Florida, escuchara un mensaje dejado en su contestador por mi marido y nos ayudara personalmente me parecía pura ciencia ficción. Pero, efectivamente, al día siguiente nos llamó su secretaria. Nos pidió que rellenásemos un formulario y le diésemos toda la información. Nos prometió que ellos también enviarían una petición de reapertura de nuestro expediente.

Y así, con la ayuda de la «doble fuerza» de nuestra abogada y de nuestra congresista, conseguimos que, previo pago de otros 1350 dólares en tasas gubernamentales, USCIS nos confirmara, a las tres semanas, que estaban «revisando si podían reabrir nuestro caso».

Y, de nuevo, el silencio. Pasó el mes de abril y también pasó el mes de mayo. Y en junio yo comencé a preocuparme de nuevo porque mi carnet de conducir caducaba el día 24 de ese mes y no iba a ser posible demostrar que era residente permanente si aún nada de esto se había solucionado. Y, una vez más, a última hora —el día 15, San Isidro en Madrid— pude respirar tranquila porque nos llegó una carta confirmando que habían reabierto nuestro caso.

No fue hasta finales de agosto que USCIS nos envió una carta citándonos para el 15 de septiembre a hacer una entrevista en sus oficinas. Esa era la cita para la que llevábamos esperando casi cuatro años. La entrevista en la que un funcionario de Inmigración se asegura, a través de una serie de preguntas, de que tu matrimonio no se haya realizado por conveniencia, sino por amor real.

Después de más de cuatro años casados, aquello era un completo absurdo. Durante un tiempo, yo había dedicado tiempo a hacer un álbum de fotos «para Inmigración» con nuestros viajes juntos, reuniones familiares y otros recuerdos de pareja. Aquel álbum se había convertido en un chiste interno («¡vamos a hacernos una foto de grupo para Inmigración, por favor!» era la frase que no faltaba cada vez que veíamos a algún miembro de la familia o celebrábamos algo).

Después de cuatro años, ya teníamos trescientos millones de anécdotas que demostraban que éramos una pareja normal. Conocíamos perfectamente todas nuestras manías, nuestro lado de la cama, nuestros gustos y a nuestras respectivas familias.

Nuestra abogada nos dijo que no hacía falta que fuese ella, que nos lo ahorrásemos, porque estaba segura de que nuestro caso era «pan comido».

Pedí el día libre en la oficina y, mascarilla en mano, allá que fuimos los dos a la entrevista. Aquellas oficinas eran un edificio muy nuevo, con control de seguridad y una fila enorme que me recordó a un aeropuerto. En medio de la sala, una réplica de la Estatua de la Libertad.

Nos hicieron pasar al despacho de una señora afroamericana grandota que iba subida a unos tacones altísimos y tenía el pelo muy largo, trenzado. En una estantería tenía unos muñequitos de plástico, uno del papa Benedicto XVI y otro de Barack Obama. Abrió una carpeta gigantesca que contenía toda la documentación que habíamos aportado. Ella iba sacando papeles, agujereándolos y poniéndolos en un archivador. Mientras movía de un lado a otro la documentación, nos iba hablando sin mirarnos.

—Vaya, parece que este caso es de hace tiempo...

—Sí, solicitamos el ajuste de estatus en diciembre del 2016, cuando nos casamos.

—Ya veo... ¿En qué trabajabas antes de casarte, Belén?

—En una agencia de planificación de medios.

—¿Y luego dejaste de trabajar?

—Estuve sin poder trabajar durante unos meses, hasta que me llegó el permiso de trabajo.

—¿Así que durante un tiempo solo trabajó él?

—Sí.

Por un momento, dejó de archivar papeles para mirarme.

—Qué marido más bueno conseguiste, que está dispuesto a mantenerte, ¿eh?

—Sí... Bueno, los dos sabíamos que era una situación temporal.

La mujer volvió a concentrarse en organizar mis papeles en la carpeta.

—¿Y ahora trabajas?

—Sí, claro.

—¿Dónde?

—En una empresa de marketing.

—¿Y los niños?

—No tenemos niños.

—¿No queréis niños?

Yankimarido y yo nos miramos. Habíamos estado indecisos sobre si queríamos o no niños durante todo el año 2017 y parte del 2018. Ahora era ya septiembre del 2020 y la conclusión a nuestras deliberaciones había llegado hacía tiempo y había sido que no. Pero éramos conscientes de que esa era una respuesta incorrecta. Los matrimonios «de verdad» en esta sociedad tienen hijos. Aun así, fui incapaz de mentir bien.

—Mmm, no, no... no sé, la verdad. Está la vida muy difícil para tener niños.

—Ajá.

La carpeta de papeles era interminable y esa mujer seguía pasando con parsimonia las páginas.

Teníamos que demostrar, por ejemplo, que compartíamos gastos. Por eso, adjuntamos una prueba del día que creamos la cuenta conjunta, antes de casarnos, y el último extracto bancario, de hacía solo un mes. La señora nos dijo que aquello era insuficiente, que necesitaba los extractos de los últimos seis meses.

También teníamos que demostrar que vivíamos juntos, así que añadimos como evidencia nuestro contrato de alquiler del primer año de casados y del último. Nos pidió que aportásemos también los correspondientes a los otros dos años.

Aportamos, a modo de prueba de convivencia, el resguardo del seguro del coche a nombre de los dos. Nos dijeron que no era suficiente, necesitábamos mostrar el resguardo correspondiente a todos los años, no solo al último.

También necesité aportar mi certificado de nacimiento y el de Adam. Yo había entregado fotocopias, tal y como se indicaba en las instrucciones, pero me hicieron solicitar el original a España.

Además, la traducción jurada y copia del convenio regulador de mi divorcio no fue suficiente, necesité aportar el registro oficial tras el divorcio, que también tuve que pedir a mis padres en España y traducirlo de forma oficial.

También me dijeron que uno de los formularios ya no era correcto, puesto que había cambiado de trabajo en los últimos cuatro años y esa información no aparecía en mi petición original.

Esa entrevista, que se suponía que iba a ser un breve trámite y el paso más fácil después de tanta espera, gasto y sufrimiento, se estaba convirtiendo en las siete pruebas de Hércules. La mujer no paraba de decir cosas que nos faltaban y eran importantes, según ella, mientras yo tomaba apuntes sin parar.

—El certificado médico no es válido tampoco. ¡Es de hace cuatro años!

—Claro, lo hice cuando solicité la residencia permanente.

—Tienes que repetirlo. Puedes ir al mismo sitio y que te confirmen que todo sigue igual.

El certificado médico para Inmigración es, probablemente, lo más nazi de todo este proceso. Se aseguran de que no tengas ninguna enfermedad que te «invalide» como residente permanente. Hasta el año 2010, ser positivo en VIH te eliminaba inmediatamente como candidato. Las enfermedades infecciosas siguen siendo un filtro. También algunas enfermedades de transmisión sexual, como la sífilis, o trastornos mentales que puedan derivar en conductas agresivas. Te obligan a probar que tienes puesta la vacuna de la rubeola, de la varicela, de la polio, del tétanos, de la hepatitis B, de las paperas, de la tos ferina, del *Haemophilus influenzae* tipo B y ahora también de la COVID-19 y de la gripe. Te hacen análisis de sangre y creo recordar que también una radiografía de tórax. Cuando tuve que pasar por este proceso, me aterrorizó la idea de ponerme tantísimas vacunas en un solo día, así que mi madre rebuscó en el baúl de los recuerdos y consiguió mandarme el certificado de que, allá en los años ochenta, a mí me habían puesto muchas ya. Gracias a eso, me libré de unos cuantos pinchazos y pagué «solo» doscientos dólares por este examen médico, que, además, te dan en un sobre cerrado y sellado que tienes que enviar a USCIS y tú no puedes ver ni guardar.

Cuando esta señora dijo que mi examen médico no era ya válido porque «se había quedado anticuado» yo me mordí el labio para no mandarla a la mierda en aquel momento, la verdad. Porque si se había quedado viejo es porque me habían hecho esperar cuatro años para revisar mi documentación. El tiempo pasa para todos, señora.

Además de todo lo anterior, otra evidencia de nuestra convivencia continuada era que habíamos hecho siempre la declaración de la renta conjunta. Presentamos prueba de todos los años, pero tampoco le pareció suficiente. Nos pidió que solicitáramos al IRS (el equivalente al Ministerio de Hacienda) unas «transcripciones» de nuestra declaración.

Y, por último, nos pidió que también consiguiésemos una carta de la empresa de Yankimarido certificando que tenía trabajo. Esto era más complicado de lo que parecía porque estábamos en septiembre del 2020 y Adam había dejado de tener trabajo desde el inicio de la pandemia, ya que él era *freelance* para una empresa de eventos filantrópicos en Miami y dichos eventos, con el coronavirus, habían dejado de celebrarse. Afortunadamente, la relación con la dueña de su empresa era lo suficientemente cercana como para que no le importase escribir una carta un tanto ambigua, certificando que, desde hacía casi una década, le daba trabajo.

Esta lista interminable de cosas le pareció un escándalo a nuestra abogada y me pidió perdón por haber considerado el caso «fácil» en un principio. «De haber estado yo ahí, todo esto no os lo habrían pedido.» Nos dieron cita para una segunda entrevista un mes después, el 14 de octubre. La abogada me llamó: «Todo esto es ridículo. Ya he liberado mi agenda para estar ahí ese día con vosotros. Revisaré, además, todos los documentos que vayas recopilando antes de que los presentemos. Esto te va a costar quinientos dólares».

En realidad, fue más. Tuve que pagar otra traducción jurada, mis padres tuvieron que hacerse cargo del envío de los documentos de forma certificada urgente y pelearme con el centro médico en el que me pedían otros trescientos dólares solo por revisar mi historial y actualizarlo con lo que faltase según los nuevos tiempos. A pesar de estar supuestamente obligados a compartir conmigo mi historial médico, ignoraban mis llamadas y no me lo mandaban. Finalmente fui a otro centro, desde donde pidieron al otro mi historial y a ellos sí se lo mandaron. Allí pude actualizarlo por «solo» ciento cincuenta dólares más.

Si has perdido la cuenta de la cantidad de dinero que llevaba gastado en este proceso, ya somos dos. Llegó un momento en el que lo dejé de contar.

Cuando llegó la cita del 14 de octubre, siete meses después de aquella terrorífica carta en la que me pedían que abandonase el país y un mes más tarde del primer intento, nuestra abogada nos acompañó, yo entregué una carpeta a rebosar de papeles a aquella mujer de pelo larguísimo y, sin apenas decir nada, dijo que todo estaba en orden y que recibiríamos noticias por correo.

Estuvimos tan poco tiempo en el interior del edificio que la abogada nos dijo: «no me paguéis los quinientos dólares. Pagadme solo la mitad por el desplazamiento. Esto ha sido demasiado sencillo».

Con ese inesperado ahorro, nos fuimos a comer fuera, a una terraza. Fue nuestra primera salida desde el inicio de la pandemia. Teníamos muchísimo que celebrar. O eso creíamos.

Porque cinco meses después de aquella segunda entrevista, aún no me había llegado la Green Card.

Hacía ya tres años que no pisaba España.

Nuestra abogada no había recibido noticias tampoco y, cuando pedimos actualización a la congresista, nos contestó algo que nos puso los pelos de punta de nuevo:

«USCIS is unable to render a decision on your constituent's application until certain issues are resolved. USCIS is striving to resolve these issues as soon as possible. We are unable to determine at this time when the review process for the application will be completed.»

(USCIS no puede tomar una decisión sobre vuestro caso hasta que no se hayan resuelto determinados problemas. USCIS está intentando resolverlos lo antes posible. No podemos saber en este momento cuándo finalizará el proceso de revisión.)

Cuando se lo comenté a mi abogada me dijo que consideraba que, llegados a este punto, se veía en la necesidad de advertirme de que quizá fuera necesario interponer una demanda, Writ of Mandamus, en la Corte Federal.

—¿Cómo? ¿Denunciar a USCIS? ¿Al gobierno de Estados Unidos?

—Sí, más o menos... Déjame hablarlo primero con el resto de socios del despacho. No es un paso nada fácil, Belén. Vamos a intentar evitar llegar a eso.

—¿Y cuánto me va a costar solucionar esto?

—No te sé ni decir, Belén, tendríamos que verlo. Pero espérate, que estoy pensando que este fin de semana, de hecho, voy a ir a un retiro espiritual cristiano con alguien que conozco que es Fiscal del distrito y voy a ver si puedo comentarle tu caso en algún momento, a ver qué opina. Dame tres días. Hablamos el lunes.

Cuando colgué me quedé mirando como una tonta el teléfono. Yankimarido, a mi lado, me miraba con preocupación.
—¿Qué dice? —preguntó.
—Que se va a rezar con no sé qué fiscal y a decidir si denunciamos al gobierno o no —contesté yo, mirando al vacío.
Yankimarido ni preguntó. Solo me pasaba la mano por la espalda. De arriba abajo. De abajo arriba...

La abogada volvió de su fin de semana cristiano con un plan: redactaría una carta a USCIS amenazando con denunciar. Una carta que básicamente decía que era inadmisible que un caso abierto en el 2016, reabierto en el 2020 y cuya entrevista final tuvo que repetirse para entregar aún más documentos no hubiera recibido respuesta a fecha de abril del 2021. Enviar esa carta a USCIS me costó otros mil quinientos dólares. Pero funcionó.

A mediados de mayo del 2021 recibí por fin mi Green Card. Estaba verdaderamente agotada psicológicamente de todo este proceso. Esa misma semana compré un vuelo a España. Mis sobrinos, que eran pequeños la última vez que los vi, casi cuatro años antes, ahora tenían nueve, casi diez, y doce años.
Creo que lloré en la ducha casi todos los días del 2021 hasta agosto, cuando volamos a Madrid. Y cuando me abrazaron mis sobrinos y les sentí tan altos ya, lloré aún más. Sentí que Estados Unidos me había torturado. O, mejor dicho, que yo me había dejado torturar por Estados Unidos. El país en el que yo había decidido vivir me había exprimido todo el dinero posible, me había amenazado con deportarme sin razón y me había secuestrado durante años, sin dejarme salir del país si no quería que todo el esfuerzo de años fuera en vano. A cambio de poder continuar viviendo donde yo había rehecho

mi vida personal y profesional y donde por fin había conseguido ser feliz, había renunciado a un montón de cosas. Entre ellas,
a cuatro años completos de mi familia, de sus besos y abrazos.

12

CON LA POLICÍA HEMOS TOPADO

En el Estados Unidos que conocemos por las películas solo hay dos tipos de policía: la buenísima persona, normalmente con sobrepeso, que vela por tu seguridad a la vez que come dónuts plácidamente en comisaría, o el malvado policía que pregunta gritando y dispara antes de que puedas darle una respuesta.

Obviamente, estos son dos estereotipos que no reflejan la realidad, aunque algunos puedan entrar en ese molde. Pero la policía es un cuerpo de seguridad mucho más complejo.

Cuando vienes de visita, salvo ese primer control de seguridad en el aeropuerto, lo ideal es no tener ningún tipo de interacción con la policía, ya que eso significa que no te has metido en ningún lío. Sin embargo, puede que tengas que hablar con un *trooper* de carretera, si te paran en medio de tu *roadtrip* por exceso de velocidad, o porque tengas fundido un faro, o porque estén haciendo un control de alcoholemia. Aunque, sinceramente, estos son muy poco frecuentes, salvo en lugares concretos en noches de fiesta.

Estar de viaje y que te pare un *trooper*, o el equivalente a un guardia civil en Estados Unidos es, en la gran mayoría de los casos, casi una atracción más, un momento exótico de tu viaje, una anécdota para recordar. Vas en tu coche de alquiler por una carretera muy recta y eterna, atravesando el desierto de Arizona y, de pronto, sale de un recoveco un Dodge

Charger o similar con las luces puestas y, como no pares a la derecha de forma inmediata, también con la sirena.

El *modus operandi* lo hemos visto en tropecientas películas. Paras el coche en el arcén y te quedas muy quieto, mientras ves por tu espejo retrovisor cómo el policía vestido de marrón y con gafas de sol camina con parsimonia hacia tu coche. Como si de una película se tratara, tú bajas la ventanilla y das los buenos días.

«Iba usted muy rápido» o «tiene una luz de freno fundida» o cualquier otra explicación.

Como turista, lo mejor es hacérselo saber inmediatamente. Que no eres de aquí, que es un coche de alquiler, que no lo sabías. Y, sobre todo, que mil perdones.

Te pedirá la documentación. Si eres turista y tienes el permiso de conducir internacional, es el momento de dárselo. Si necesitas rebuscar en tus bolsillos para ello o abrir la guantera, o un bolso, avisa al *trooper* antes de que se te asuste y te haga salir del vehículo. Lo más importante es saber que el policía puede asustarse tanto de ti como tú de él, aunque te parezca ridículo. Y la reacción, cuando ellos se asustan, sí que da miedo de verdad. Así que, hagas lo que hagas, con calma. Con un poco de suerte, caes en gracia al poli y, por ser turista, te deja en paz.

Si vives en Estados Unidos, la cosa cambia. Ya no vale la excusa del «yo no lo sabía», incluso aunque sea la pura verdad. A mí solo me ha parado la policía una vez, en una avenida de Miami, un día normal por la mañana, cuando iba yo para mi trabajo. Llevaba poco más de un año viviendo en Estados Unidos y cometí el error de pensar que aquello no era como en las películas, que los policías en la vida real se comportarían de una manera mucho más natural.

Como el trayecto desde el primer piso en el que viví en Miami (el de Sunny Isles Beach) a la oficina, que estaba cerca del aeropuerto, solía ser de una hora, me acostumbré a utilizar ese tiempo para llamar a España. Además, en aquel atasco lento con el sol pegando fuerte en un lateral, me entraba muchísimo sueño, así que solía utilizar esas llamadas para evitar dormirme al volante. Me compré un cacharrito para ponerme en la oreja, a falta de *bluetooth* en mi primer coche, porque era el modelo más básico. Con él puesto parecía Janet Jackson de concierto. Cuando se me olvidaba quitarme el aparatito de la oreja y entraba con él puesto a la oficina, mi jefe colombiano se partía de la risa («¡mira qué gringa! ¡Mírala cómo se ha adaptado de rápido!»).

Un día, de camino al trabajo, vi las luces de un coche de policía detrás de mí. Colgué mi llamada y paré el coche a un lado, en pleno Miami Gardens. Me puse nerviosa mientras veía, por el espejo retrovisor, cómo el policía abría la puerta de su coche e iba saliendo. A ver qué había hecho mal. ¿Me había saltado un *stop* sin darme cuenta? ¿Iba demasiado rápido por esa avenida? Pensé: «me voy a quitar el pinganillo este de la oreja por si acaso, no vaya a ser ilegal tenerlo o algo». Pero el cacharrito, en ese momento, se me enredó en el pelo. Qué estrés, por favor. Me sentí como si estuviese escondiendo un fardo de droga o a un niño inmigrante escondido bajo el capó. Conseguí desenredar el cacharro antes de que el poli llegase a mi altura y se asomara a mi ventanilla. Entonces, a pesar de que parecía hispano, me habló en inglés:

—Buenos días, señora, la razón por la que la he parado es que tiene usted caducada la matrícula. Por favor, salga del vehículo y facilíteme su identificación y la documentación del coche.

Salí, muy modosita, del coche, y fui directa al maletero, porque aquella mañana yo iba muy cargada con la bolsa del gimnasio, la del táper y demás y lo había metido todo ahí.

—Pero... ¡¡¿qué hace, señora?!! —se asustó el policía, con la mano ya en la funda del revólver.

—Nada, nada, es que tengo mi identificación en el maletero, ¿ve? Aquí mismo tengo mi bolso.

Fue una estupidez hacer aquello y gracias a que le parecí completamente inofensiva —mujer, joven, con acento hispano, bien vestida y maquillada a las ocho de la mañana de un día laborable— me libré de que reaccionara mucho peor. Por lo mismo podría haberme inmovilizado, arrestado o asfixiado, aunque esto parezca (y sea) una exageración. Historias más tontas con trágicas consecuencias han pasado. Eso sí, siempre con negros. Hay un claro sesgo ahí, por el que los policías «se asustan más» cuando interactúan con afroamericanos.

Yo mostré mi carnet de conducir estadounidense al poli que me paró porque, afortunadamente, me lo había sacado unas semanas antes. El examen teórico, dicho sea de paso, había sido de risa, y el práctico aún más, ya que me hicieron dar dos vueltas por un aparcamiento, hacer un cambio de sentido en una calle vacía residencial y aparcar en batería. Trámite hecho, así de fácil. Y menos mal, porque si no llego a tenerlo, mi interacción con el policía se habría complicado. Él cogió el carnet y se fue hacia su coche patrulla, mientras yo me quedaba muy quietecita al lado del coche, pensando qué demonios me iba a decir aquel señor.

De pronto, me acordé de que el policía me había pedido dos cosas: mi documentación y la del coche, así que, sin pensarlo dos veces, me volví a meter en mi coche y abrí la guantera, para tener listos los papeles en el momento en el que ese señor me los pidiera.

Aquel fue mi segundo error de novata, porque inmediata desde el interior de su coche:

—¡QUÉDESE AL LADO DEL COCHE SIN MOVERSE, QUÉDESE AL LADO DEL COCHE SIN MOVERSE!

Me costó un segundo darme cuenta de que todos esos gritos con megáfono eran para mí. Creo que volvió a pensar que sacaría la recortada y me liaría a tiros con él, o que huiría pisando a tope el acelerador y comenzaría una persecución.

Decidí quedarme, a partir de ese momento, muy quieta, de pie. Quietísima, a pesar de que se había puesto a llover. A pesar de que el policía se estaba tomando su tiempo, yo llegaba tardísimo y me estaba mojando.

El policía volvió a salir de su coche y, con toda su parsimonia bajo la lluvia, se acercó.

—Puede entrar en su coche, señora.

Qué amable. Entré al coche y bajé la ventanilla de nuevo.

—Mire, señora, si no hubiese pasado tanto tiempo desde que le caducó la matrícula, podría pasarlo por alto... pero lleva usted sin renovar el registro desde mayo. Cuatro meses de retraso son demasiados.

Yo ahí mismo me enteré de que la matrícula, en Estados Unidos, caduca, como los yogures. Pero yo no hacía un año siquiera que había comprado el coche... En ese momento, me salió lo que en España llamaríamos «un Lola Flores con Hacienda»: es que yo no sabía que eso era obligatorio, a mí nadie me dijo, nadie me avisó... Lo cual era cierto, a mí el coche me lo dieron en el concesionario unos meses antes con esa pegatina puesta en la matrícula y nadie me había dicho que tenía que hacer nada más con ella. No coló, aunque fuera verdad. El policía imprimió un tique con su maquinita y se sacó del bolsillo un manual de instrucciones en forma de folleto.

Me dijo que, si me portaba bien y actualizaba mi matrícula rápido, «quizá, cuando fuese a la Corte, me anulasen la multa».

Le pregunté al agente que dónde se actualizaba eso. Y el hombre me miró con una mezcla de confusión y desesperación: OBVIAMENTE tenía que ir a una Tag Agency (Agencia de Matrículas) a hacer este trámite. Obviamente.

Yo no entendía nada, pero ya solo quería subir la ventanilla para que dejara de entrar el agua e irme de allí. En el siguiente semáforo, intenté descifrar la multa como si fuera la receta de un médico con mala caligrafía.

No conseguía ver en ningún sitio cuánto era lo que tendría que pagar por la infracción, en caso de que «en la Corte» no me la perdonaran. Solo saqué como conclusión que el policía aquel se llamaba *officer* Chinchilla, cosa que hizo que se me escapara un poco la risa.

Resulta que todas las matrículas tienen una pegatina cuadrada que se pega en una esquinita e indica hasta cuándo está pagado el registro, que viene a ser como el impuesto de circulación. Yo compré mi coche en noviembre del 2013 y pensé —muy «a la española»— que el impuesto de circulación era válido para todo ese año, es decir, que hasta noviembre del 2014 estaría pagado. Pero no, el impuesto de circulación, en algunos estados, caduca —por alguna extraña razón— en el mes de tu cumpleaños. Así que, como cumplí años en mayo, tenía que haberlo pagado en mayo. Es decir, que si en vez de Tauro fuera Escorpio, esa multa me la habría ahorrado.

Por lo visto, lo normal es que te llegue una carta avisándote de que te va a caducar la matrícula para que vayas a pagar, pero a mí no me llegó nada y de ahí que me multaran.

Y esa misma tarde, aprovechando que se cayó la red en la oficina y pudimos salir unos minutos antes, busqué en internet una Tag Agency cercana a mi trabajo para enterarme de qué tenía que hacer. ¿La respuesta? Pagar, sin más. Facilísimo. Unos cuarenta dólares creo que me costó.

Después tuve que enterarme también de cómo anular la multa yendo «a la Corte», algo que a mí me sonaba a la corte del rey Arturo, pero no tenía nada que ver. Ir a la corte básicamente consistió en presentarse ante un juez —con su toga y todo— junto a un montón de infractores más y decirle que mil disculpas, que era una tonta y que me perdonara. Porque sí, esta es una historia con final feliz. Me perdonó la vida el policía y la multa el juez. Y yo aprendí que Florida me regalaba por mi cumpleaños el pago de un impuesto con el que no había contado, que con los polis no se juega, que a los jueces les gusta que te humilles y que todo, todo, todo, en Estados Unidos se soluciona pagando.

Pero, a pesar de que mi interacción con la policía de Miami no fuera nada del otro jueves, lo que sí es cierto es que la policía en Estados Unidos es cosa seria. Sobre todo, como os digo, si no eres blanco. Para el *officer* Chinchilla, yo era una hispana más —como él— recién llegada a Miami, subida a unas sandalias de tacón y con pinta de ser muy boba o estar muy perdida. Pero, si yo hubiera sido un hombre negro es muy posible que la conversación que tuvimos y los errores tontos que yo cometí al moverme más de lo ordenado, hubieran tenido consecuencias muy distintas. Y si no, que se lo digan a los cientos de víctimas de brutalidad policial que hay cada año.

Y esto tiene mucho que ver con la historia de este país, porque la policía, en Estados Unidos, se creó para vigilar a los negros, literalmente. Las primeras colonias tenían sus propias patrullas vecinales, creadas de forma informal, y el primer cuerpo de policía propiamente dicho fueron las patrullas de esclavos, las *slave patrols,* en el sur. Estos eran grupos organizados de hombres entre veintiún y cuarenta y cinco años. Todos tenían que participar de forma obligatoria durante, al menos, algunos meses.

Se les pagaba por patrullar las calles y se les multaba si se negaban, con el objetivo de que hubiera una vigilancia que previniera que los esclavos pudieran escaparse o hicieran cualquier cosa no aprobada por los blancos. También estaba dentro de su trabajo el castigarlos a latigazos y devolverlos a sus dueños. Estas patrullas estaban formadas por personas blancas, obviamente, de todas las clases sociales; no eran los dueños de las plantaciones de esclavos, de tal manera que la superioridad de los blancos frente a los negros se extendió y se creó una comunidad desigual desde un principio, que fue imposible de nivelar al terminar la esclavitud con la guerra civil. La creencia de superioridad blanca continuó ejerciéndose a través del poder policial tras terminar el conflicto. La única diferencia es que ahora la policía, en vez de devolver a los negros a sus dueños, empezó a encarcelarlos.

En 1866 nace el Ku Klux Klan en el estado de Tennessee. Lo forman hombres de edad militar con una misión: vigilar, arrestar y castigar a los negros para proteger a los blancos. Eran como una continuación de esas primeras *slave patrols*, como una policía supremacista blanca. Y eran tan poderosos que dominaban el sistema judicial también. El Gobierno tuvo que terminar mandando a la Guardia Nacional a terminar con todo esto. Pero como en el sur, para continuar con el racismo, comenzaron a aprobarse las leyes Jim Crow en contra de los afroamericanos, se produjo lo que se conoce como la Gran Migración: más de seis millones de afroamericanos huyeron del sur para instalarse en las ciudades del norte.

Y, a pesar de que, si simplificamos muchísimo, los del sur eran los racistas y los del norte eran los «buenos» —o así había sido durante la guerra civil— la realidad es que cuando los afroamericanos subieron a Chicago, a Boston o a Filadelfia, se encontraron con que la sociedad no les aceptaba allí tampoco como iguales. Y esta oleada de inmigración provocó dos cosas: la creación de nuevos asentamientos y localidades para alojar a estos nuevos vecinos por separado de los blancos —lo que acabarían siendo los guetos— y la creación de grupos de patrulla policial para vigilarlos.

En el norte tenían sus propias diferencias sociales también: los distintos grupos migrantes eran rivales y los más pobres o los más recién llegados, como los irlandeses o los polacos, o los italianos, tenían peor fama que los ingleses o los alemanes, por ejemplo. Y la llegada de los afroamericanos hizo que las patrullas cambiaran de objetivo, o que los irlandeses, por ejemplo, que no estaban mucho más arriba en la escala social, encontraran en los negros pobres alguien a quien poder mirar por encima del hombro.

Así que la brutalidad policial no es nada nuevo. De hecho, la primera investigación sobre violencia policial, lo que se llamaba antes «aplicar el tercer grado» contra los ciudadanos se abrió en 1894. No solo contra los negros, la policía siempre se ha considerado un elemento de control de la fuerza trabajadora, que reprime las protestas sindicales, por ejemplo, de los trabajadores de las fábricas. Pero la segregación a la que estaban obligados los afroamericanos hizo también su parte, ya que tenían sus propios barrios y no tenían seguridad: la seguridad se proporcionaba a las familias blancas que temían a las negras, nunca al contrario. Y no sé por qué estoy hablando en pasado, cuando esto mismo, hoy en día, sigue ocurriendo.

La brutalidad policial es el pan de cada día en Estados Unidos, aunque obviamente eso no signifique que todas las interacciones con la policía entre blancos y personas racializadas terminen en abusos o con la víctima acribillada a tiros.

Pero durante mis años de Miami me acostumbré a ver a la policía de una manera diferente a la visión que yo tenía de esta en España. Durante mi vida adulta en Madrid, siempre vi a la policía como un incordio (cuando quieres hacer una pirula con el coche, sobre todo), pero también como una ayuda. Al fin y al cabo, un poli es alguien a quien siempre puedes preguntar si te has perdido, por ejemplo. Si el encargado de un negocio en un local de Madrid se niega a darte hojas de reclamaciones, llamas a la policía municipal. En Estados Unidos, no solo no existen las hojas de reclamaciones, es que si ves que te están tratando de forma injusta como consumidor, llamar a la policía sencillamente no es una opción. Esto fue de las primeras cosas que aprendí en Estados Unidos, de hecho. El hotel en el que viví mientras buscaba casa comenzó a cargar en mi tarjeta —y no en la de mi empresa, como había sido acordado— todos los gastos que yo iba generando, y no parecían muy capaces de solucionarlo, haciendo un agujero cada vez más gordo en mi cuenta española, en la que en ese momento de mudanza intercontinental todo eran gastos. En mi frustración, hubo un momento en el que pedí las hojas de reclamaciones, y el supervisor me contestó, levantando las cejas sorprendido, que de eso no tenían. Entonces, le amenacé con llamar a la policía. Y la cara que me puso aquel hombre afroamericano con el uniforme del Hilton, siempre la recordaré. En ese momento, ese señor probablemente llegara a la conclusión de que yo era una loca, una racista, una «Karen», que es como, en Estados Unidos, se llama a las mujeres blancas de clase media que se ven con derecho a exigir de más, tratar mal o quejarse continuamente de las personas que trabajan de cara al público. En ese momento, todo lo que yo decía, que habría tenido sentido de haber estado en España, se estaba interpretando en Estados Unidos de un modo muy distinto.

Como ocurre casi siempre, una no se da cuenta del choque cultural hasta que no pasa un tiempo y entiende la cultura con la que chocó. Yo, en aquel momento, pensé que la llegada de la policía al hotel haría que el personal arreglara mi problema como era debido. Pero la policía, en Estados Unidos, no está para esas cosas. Para quejarse de un establecimiento y conseguir que te traten bien como consumidor, la única herramienta que tenemos en nuestra mano es amenazar con poner una mala crítica en Google o en otras redes. La policía está para patrullar en barrios que ellos consideran chungos, donde casualmente siempre viven afroamericanos, no para ayudar al ciudadano normal y corriente en sus problemas del día a día.

A pesar de que soy consciente de que en España también hay casos de racismo policial y abusos de fuerza por parte de las fuerzas de seguridad, cuantos más años llevo en Estados Unidos y más consciente soy de la poca formación que tienen aquí, lo militarizados que están, lo que se protegen entre ellos y lo que les protege gran parte de la sociedad hagan lo que hagan, menos confianza me inspiran. La policía estadounidense es un trabajo totalmente mitificado, sobre todo tras eventos como los atentados terroristas del 11-S, donde todos los servicios de emergencias se convirtieron en héroes. Hay banderas de Estados Unidos con una franja azul, en apoyo a la policía y a su buen criterio para disparar o arrestar a quien ellos consideren. El problema es que, casualmente, solo se les suele ir la mano con la gente de color: con los negros y, en menor medida, con los hispanos también.

Recuerdo que me impresionaron muchísimo las primeras veces que vi a negros siendo esposados en Miami. Pensé que la policía estaba arrestando a criminales peligrosos y yo lo estaba presenciando en aquel momento, pero luego vi que aquello era mucho más frecuente de lo que yo hubiera esperado. Y recuerdo también cuando, siete años después, en plena pandemia, vi cómo la policía esposaba a una mujer blanca en el supermercado Whole Foods porque se negaba a ponerse una mascarilla. Lo que me sorprendió no fue que la esposaran por eso y se la llevaran arrestada en un coche patrulla. Lo que me sorprendió muchísimo fue que la persona a quien le habían puesto las esposas fuera una mujer blanca. En siete años que llevaba viviendo en Miami, había visto al menos dos docenas de negros siendo inmovilizados y arrestados. Pero aún no había vivido nunca aquel escenario con alguien blanco.

13

EL RACISMO DESDE DENTRO Y DESDE FUERA

Si pensamos en Estados Unidos y racismo, automáticamente nos viene a la cabeza la esclavitud primero y, después, la segregación. Nos ha llegado su historia una y otra vez a través de Hollywood. En muchos casos, suavizada, eso sí. Y siempre, siempre, con final feliz.

Cuando, en 1990, la película *Paseando a Miss Daisy* se llevó cuatro óscares de sus nueve nominaciones de la Academia, pero se dejó totalmente fuera de los premios a *Haz lo que debas*, de Spike Lee, Hollywood envió al mundo un mensaje claro, aunque ingenuo. Hollywood nos decía que, en los años noventa, el racismo era cosa del pasado. Que todas las personas pueden entenderse. Que todos sufrimos de algún tipo de discriminación porque la vida es dura. Y que siempre triunfa el amor.

Aquello ocurrió en 1990, pero no hemos avanzado demasiado en las últimas décadas. En el año 2019 volvíamos a ver cómo en Hollywood gustó mucho más *Green Book*, película que se llevó el Oscar a la mejor película del año, que *Infiltrado en el KKKlan*, el baño de realidad que, de nuevo, nos daba Spike Lee.

Green Book, una especie de *Paseando a Miss Daisy* a la inversa, es una historia almibarada y reconfortante en la que un chófer italoamericano de clase baja aprende a dejar atrás sus prejuicios y a admirar a un negro atípico con tres doctorados y un talento descomunal mientras le acompaña por el Sur, aún segregado, de Estados Unidos. Robó el corazón de todos, ya que, además, es una historia basada en algo que ocurrió en realidad en los años sesenta. *Infiltrado en el KKKlan* también está inspirada en hechos reales, pero es la historia del primer afroamericano infiltrado en el Ku Klux Klan, en los años setenta. Y, al contrario que *Green Book*, enlaza la crítica al odio del pasado con el que, aún hoy, existe en el presente. Y eso te deja un sabor de boca mucho más amargo.

Aunque el racismo más crudo en el cine no sea tan rentable como las historias de superación y amor fraternal, lo que está claro es que los temas que trata Spike Lee, tanto en *Haz lo que debas* como en *Infiltrado en el KKKlan*, siguen estando vigentes. Pero la mayoría de la gente, que en este país es blanca, prefiere ver, en su tiempo libre, historias bonitas que le hagan sentir bien y no reflexionar sobre los profundos problemas de su sociedad. La mayoría de la gente prefiere no hablar sobre el racismo, en general.

Esta aversión a la cara fea del pasado y del presente en Estados Unidos afecta también al turismo, sobre todo en el Sur del país. Cuando vas a Luisiana a conocer las antiguas plantaciones, te encuentras con muchas casas particulares restauradas y adaptadas como atracción turística que venden una visión muy suavizada de su historia.

Y es que, hasta marzo del 2019, en el recorrido guiado por Rosedown Plantation State Historic Site, te decían que los esclavos que trabajaban allí eran felices, que en Navidad se juntaban todos con la familia de los dueños a celebrar, que tenían un instinto natural para la música y que vivían muy cómodos en sus cabañas.

En Oak Valley Plantation, la más famosa de todo el estado, siguen diciendo que los doscientos veinte esclavos que vivían allí no eran «de los peor tratados». En Destrehan Plantation te comentan que los dueños eran «muy permisivos». En Hermann-Grima House de Nueva Orleans evitan referirse al personal de servicio como «esclavos», que es lo que eran, porque a los actuales dueños de la propiedad no les gusta el término. Afortunadamente, en algunos de estos lugares las cosas están cambiando, pero muy poco a poco. Aún existe una revisión de la historia en favor de las familias poderosas que sigue endulzando los horrores y quitando importancia al legado del racismo.

Los visitantes de estos lugares son, en su mayoría, turistas nacionales blancos, aunque las plantaciones más famosas también reciben una gran afluencia de turistas internacionales. Y la suavización de su historia se repite hasta la saciedad, porque de no ser así, te vas con muy mal cuerpo. Eso es lo que ocurre cuando visitas Whitney Plantation, también en Luisiana, que es la única plantación reformada en un auténtico circuito educativo acerca de los horrores de la esclavitud. Es la única plantación que no se centra en la restauración de la casa principal, ni en las historias de amores y vida de lujo de los dueños. En Whitney lo importante no es lo que pasara dentro de la casa: la historia que quieren contar está en el exterior. En vez de quedarse en lo anecdótico, allí te explican cómo la esclavitud fue la herramienta en un sistema económico capitalista en el que el uno por ciento de la sociedad utilizó a otros seres humanos, deshumanizándolos y robándoles su dignidad para enriquecerse hasta niveles casi infinitos.

Pero este museo de la esclavitud no abrió hasta el año 2014, mientras que el resto de plantaciones tienen muchos más años de historia como atracciones de interés político. ¿Y por qué se ha tardado tanto? Porque ha tenido que ser un hombre blanco, John Cummings, quien comprara la casa y el terreno como inversión inmobiliaria y, tras conocer los horrores que allí sucedieron, decidiera invertir aún más en rescatar la verdadera historia y convertirlo en un museo muy distinto a lo que ofrecen sus vecinos. Más de ocho millones de dólares invertidos después, la Whitney Plantation abrió sus puertas al público, convirtiéndose en el primer museo de la esclavitud en Estados Unidos. El primero.

Después, otros museos se han abierto en el Sur de Estados Unidos para dar algo de luz, por fin, a su pasado más oscuro. El Legacy Museum de Montgomery, en Alabama, creo que es el museo que más me ha impactado en mi vida y al que creo que todos los estadounidenses deberían ir de visita obligada. Ojalá lo hicieran, porque en este museo se hila la historia de Estados Unidos con la del maltrato a los negros de tal forma que no se entiende una sin la otra. Y, al igual que para que esa camiseta que te gusta en una tienda de moda valga 15 euros es necesario explotar a otro sector de la humanidad al otro lado del mundo, para que Estados Unidos se alce como primera potencia mundial ha sido (y es) necesario sostener su economía en la explotación y el maltrato.

El museo Tubman de Macon, Georgia, se centra en el arte e historia afroamericana. Cuando Yankimarido y yo fuimos a visitarlo, la mujer que nos vendió las entradas nos dio las gracias «por querer aprender algo más». No es que fuéramos los únicos no afroamericanos del edificio, es que estábamos solos allí. Y aquel lugar tenía una sección dedicada a las «historias no contadas» donde se podía ver una bola de hierro como la que utilizaban en las plantaciones para evitar que los hombres esclavizados se escaparan. Y te contaban que este método de castigo contra los negros se siguió utilizando hasta la década de 1940. Allí pueden verse fotos de torturas realizadas a los negros en los años treinta, o el recuerdo de personajes históricos totalmente borrados, como el de Gloria Washington, la primera afroamericana directora de un instituto integrado (de negros y blancos juntos) en Macon, Georgia, donde casi el setenta por ciento de la población es negra. El año en que esto ocurrió fue 1980. Es decir, antes de ayer.

En ninguna de mis visitas como turista a Estados Unidos antes de vivir en este país, me quise informar acerca de su historia de racismo. Como mucho, puede ser de interés para un turista internacional la visita a una plantación, o al hotel Lorraine, donde mataron a Martin Luther King en Memphis, o al Museo Nacional de la Historia y Cultura Afroamericana de Washington D. C., en el cual yo aún no he estado por eso mismo: porque prioricé otras cosas cuando visité la capital, ignorando por completo ese museo, que ahora sé que es uno de los mejores que hay en este país.

Pero cuanto más conoces la historia del racismo en Estados Unidos, más fácil es comprender a la sociedad y la situación actual. Y cuando visitas ciudades como Chicago, Boston, Charleston, Savannah o, incluso, Miami, puedes ver mucho más allá. De pronto cobra más sentido ver a esos policías patrullando las calles de los barrios más conflictivos sin dar ninguna sensación de seguridad, porque no están allí para protegerlos, están allí para intimidarlos y a la caza y captura. Entiendes que las cárceles estén hasta arriba de negros por delitos menores con penas demasiado largas, y que haya barrios negros y barrios blancos, y centros educativos de negros y de blancos, a pesar de que hayan pasado más de cincuenta años desde que se pusiera fin a las leyes que obligaban a la segregación. Si nos empapamos de su historia, pasa a tener mucho sentido que ser negro sea casi sinónimo de ser pobre en la gran mayoría de los casos y que cada año haya jóvenes afroamericanos que, orgullosos, se gradúan de la universidad y eso sea un hito en sus familias, cuando hay familias blancas con miembros graduados universitarios desde hace más de tres generaciones.

Personalmente, el mayor aprendizaje que me ha dado mi experiencia de vivir en Estados Unidos es el de la complejidad del racismo. Saber que no por decir que no eres racista dejas de serlo, ni por creer firmemente que no eres racista dejas de serlo tampoco. Es que ni siquiera se puede ser más o menos racista: o se es racista o se es antirracista. En un mundo de grises donde pocas cosas son blanco o negro, precisamente en este tema no hay medias tintas. O se es parte del sistema o se lucha contra él activamente. Y el problema es que casi todos somos racistas o lo hemos sido en algún momento. A veces, de forma subconsciente. Otras, utilizando expresiones lingüísticas que se han normalizado.

Esto también ocurre en la lengua española y ahora soy mucho más consciente de las burradas que tenemos normalizadas, como decir «perro judío», «trabajo de chinos» o «querer que un negro te abanique». Pero, antes de venir a vivir a Estados Unidos, nunca pensé —qué tontería— que en inglés ocurriera algo similar. Se me abrieron los ojos como platos el día en el que caí en la cuenta de que, cuando hablamos de casas, la «habitación principal» en inglés, es la *master bedroom*. No porque «master» signifique «principal», sino porque, literalmente traducido, es la habitación del amo. Del «master».

Aprendí también que, en golf, el Masters de Augusta viene del mismo sitio. En el club de golf de Augusta, en pleno corazón del Sur, en Georgia, absolutamente todos los *caddies* tenían que ser negros hasta hace dos días, «porque era la tradición», y eran solo los «amos» (*masters*) quienes competían en el torneo. En Augusta se prohibió a los negros competir hasta el año 1975 y no pudieron apuntarse como miembros del club hasta 1990. Aunque, bueno, a las mujeres no las admitieron hasta bien entrado el siglo XXI... No fue hasta el año 2012 que permitieron ser socias a las dos primeras. Una de ellas fue Condolezza Rice, antigua secretaria de Estado de Estados Unidos, negra, nacida en Alabama, procedente de familia esclavizada durante generaciones. La otra mujer admitida por el club fue Darla Moore, multimillonaria, nacida en Carolina del Sur, procedente de una familia dueña de plantaciones y esclavos. Las dos caras de la historia de Estados Unidos, equilibrando un pelín el racismo, machismo y clasismo del más rancio club de golf.

Hemos mamado el racismo porque el racismo es sistémico. Por eso, en caso de no ser negros, es tan importante informarnos. He aprendido que, para ser una persona mínimamente decente, es fundamental conocer el concepto del «privilegio blanco».

El privilegio blanco no significa llevar una vida fácil o privilegiada. Puedes ser blanco y vivir una vida llena de obstáculos, pobreza y maltrato. El privilegio blanco es solo el privilegio en comparación con la vida que tiene una persona que es negra, especialmente en Estados Unidos, donde el color de tu piel te pone las cosas inmediatamente más complicadas, hasta el punto de que nacer siendo negro es más difícil que siendo blanco. Las mujeres afroamericanas tienen el doble de posibilidades de tener complicaciones graves durante el embarazo y el triple de morir a causa del embarazo o durante el parto. Y estas cifras no son nuevas, se han mantenido idénticas desde que se empezaron a realizar este tipo de estudios, allá por los años treinta. Mitos infundados, como el de que las personas negras aguantan más el dolor, siguen vigentes en la comunidad médica y se traducen en que las mujeres negras eviten a toda costa ir al hospital hasta para parir.

Yo pensé que racismo había en Estados Unidos igual que lo hay en España o en cualquier otro sitio. Pero mis años en este país me han enseñado que el racismo estadounidense está a otro nivel. La historia, tan reciente, aquí es la clave y, en un país fundado en el beneficio que dio el secuestro, comercio y abuso de personas que, por su color de piel, fueron deshumanizadas, no es algo que forme parte de nuestro ADN en el mismo grado. Que la razón por la que hubo una guerra civil en Estados Unidos fuera la diferencia de opinión entre quienes querían poner fin a la esclavitud y los que querían seguir manteniendo a sus esclavos es también un punto importante. Que cien años después de la abolición de la esclavitud tuviera que haber un movimiento social gigantesco para conseguir la equiparación de negros y blancos en materia de derechos civiles es tremendo. Y que siga existiendo, hoy en día, aunque de una forma mucho más sutil que antes, un sistema y marco legal creado explícitamente para separar a los negros de la sociedad, encarcelarlos masivamente y evitar que accedan a su derecho al voto es una triste realidad. Hoy en día, hasta conseguir que te den una hipoteca sigue siendo más difícil para un negro. Conseguir un trasplante de un órgano vital también es más difícil si eres negro.

Hasta el año 1967, el matrimonio entre negros y blancos era ilegal en muchos lugares de Estados Unidos, así que es extremadamente raro conocer, en la actualidad, a alguien cuya abuela sea blanca y cuyo abuelo sea negro. En el siglo XX, los matrimonios interraciales no llegaban al diez por ciento. En la actualidad, conozco a cuatro parejas interraciales (blanco/negro) estadounidenses. Una es una mujer blanca casada con un hombre negro y sin hijos, otra es una pareja gay de mediana edad de hombre blanco con hombre negro, y las otras dos son parejas formadas por un hombre blanco y una mujer negra que han tenido hijos. Con diferencia, las parejas que tienen hijos se ven sometidas a muchos más momentos desagradables y comentarios fuera de lugar que quienes no tienen prole.

Porque parece que compartir tu vida con alguien que no es de tu color tiene un pase, pero procrear ya son palabras mayores. Hay toda una parte de la sociedad estadounidense preocupada por el «enmarronecimiento» de la población. Por la extinción del hombre blanco. Y esto suena a supremacismo... porque lo es.

También pensé que el racismo solo era una conducta indeseable y a evitar por mi parte hacia otras personas, ya que yo misma me consideraba «blanca», así que nunca me vi como una posible víctima del racismo.

Sin embargo, al mudarme a Estados Unidos, se ve que cambiaron la pantonera que decide mi color, aunque estuve años sin darme cuenta. Yo llegué blanca y, en mi cabeza, seguía siendo blanca aquí. En los formularios rellenaba la casilla con «hispana o de origen español», pero nunca me imaginé que hubiera dejado de ser blanca. Y de pronto, un día hablando con Yankimarido sobre racismo, dije algo así como «claro, es que nosotros, los blancos...», y vi cómo sonrió.

—¿Por qué has puesto esa cara?

—Porque ya van varias veces que te oigo describirte como «blanca» y me hace gracia. Tú sabes que la mayoría de los estadounidenses no te consideran «blanca», ¿verdad?

—¿Cómo que no? ¿Y qué soy, negra?

—Bueno, según el censo eres blanca, pero hispana. Muchos estadounidenses te etiquetarían como «marrón».

—Ah, que soy «marrón» —respondí riéndome—, claro, y nuestro matrimonio qué es, ¿interracial? —bromeé, muerta de la risa.

—Pues... sí, mucha gente lo definiría así... de verdad.

Experimentar en carne propia lo aleatorias que son las etiquetas me ha hecho comprender e identificar mucho mejor el tema del racismo. Y ahora entiendo que el llamado «privilegio blanco» consiste en vivir una vida en la que el color de tu piel no te ha supuesto una complicación añadida. Y esto es tan particular de cada país como que yo me he criado en el «privilegio blanco» en mi Comunidad de Madrid respecto a gitanos, latinoamericanos o africanos, mientras que, de haberme criado en Estados Unidos, mi mismo color de piel, orígenes y cultura me habrían situado en otro grupo étnico. Porque, por mucho que en España yo sea «blanca», en Estados Unidos soy *hispanic,* o *brown,* y de golpe —zas— se te cae de las manos ese privilegio.

14

IDIOMAS MEJORES Y PEORES

Ser «blanca» en España y «marrón» en Estados Unidos tiene una ventaja: te permite empatizar el doble. También ser «hispana» y «española» al mismo tiempo en el extraño universo de Miami te da una doble percepción. Por un lado, eres hispana, no eres ciudadana «de primera» para muchos estadounidenses, que pueden despreciar tu acento, prejuzgarte por tu nombre, no comprender tus costumbres, o marginarte en puestos de trabajo o en relaciones comerciales. Por otro, eres española, lo cual, en la comunidad latina, es percibido casi como si fueras de un estamento superior. El acento «español de España» provoca inmediatamente una reacción de cariño por parte de muchas personas latinoamericanas, ya que esas personas de acento cubano, colombiano, puertorriqueño, dominicano, peruano o venezolano muchas veces tienen familiares españoles. Tu mera presencia les recuerda a elementos de su cultura —las croquetas de su abuela, las batallitas de su tío, el pueblo de su madre...— que tienen muy idealizados.

Durante los ocho años que viví en Miami, prácticamente todas las semanas se daba una situación donde algún desconocido (siempre latinoamericano) me trataba mejor por ser española. Ya fuera la persona que venía a hacer un arreglo a casa, o la cajera del supermercado, o el camarero en un restaurante. Siempre que identificaban mi acento —y lo hacían al primer «gracias» con «c» que salía de mi boca— me trataban con cariño o incluso tenían un detalle o me invitaban a algo. Yo lo terminé llamando el «privilegio español» y creo que facilitó mi vida y mis relaciones sociales en Miami.

Esto no ocurre en otros lugares del país, donde solo tengo la etiqueta de *hispanic*, aunque para la gente más formada también supone una diferencia: eres europea, no latinoamericana. Y reconozco que yo he sido la primera en dejar esto claro en cuanto he tenido la oportunidad en mi universo laboral, ya que mucha gente te trata distinto sabiendo que eres de Europa. Y cuando digo «distinto», digo «mejor». Es triste, pero cierto.

Pero, para la mayoría de la gente, *Spanish* es sinónimo de *Hispanic*. Pueden decirte que les encanta la *Spanish food* y referirse a ropa vieja, a unos tacos o a unas arepas. Si dicen que les gusta la *Spanish music* puede ser porque les guste la salsa, Bad Bunny o Rosalía. Todo es *Spanish*.

Un año después de mudarme a Tennessee, cuando el «privilegio español» de Miami casi se me había olvidado por falta de uso, ya que en este estado la población hispana es mucho más reducida, recibí una llamada por error de un número de Miami y una comercial colombiana me dejó un mensaje en mi buzón de voz. Cuando le devolví la llamada para decirle que se había confundido de teléfono, le hizo tanta ilusión oír mi acento que me empezó a contar que su abuelo era de Toledo y que tenía unos primos que se habían marchado a España y les iba superbién. «¡Ay, es que amo tu acento! ¡Y a la reina Letizia también!» Yo me moría de la risa. Y antes de colgar, me dijo que, si me aburría y quería hablar en español en algún momento, ahora que vivía en Tennessee, que por favor la llamara, «que podíamos ser amigas».

Ser española da, definitivamente, puntos a favor en Miami. Pero ser hispana te los quita en cuanto subes un poquito más arriba y tratas con estadounidenses blancos en lugares menos diversos. Un día, en el ascensor de mi edificio, una pareja de ancianos se puso a acariciar a mi perro («*Oh, he's so lovely! He's so cute!*») pero, cuando me preguntaron cómo se llamaba y yo respondí que «Pancho», ahí el ambiente se volvió hielo. La sonrisa de la señora se transformó en una mueca, tratando de repetir lo que yo había dicho: «*Paaanchou?*» dijo, como extrañada de que aquel fuera un nombre digno. «*Yes, Pancho, ¡like Pancho Villa!*», les respondí yo. Se incorporaron y miraron al vacío hasta que las puertas del ascensor se abrieron en la planta baja. No dijeron ni una palabra más.

También he visto en mi trabajo que algunos clientes estadounidenses prefieren no tratar con hispanos; por eso, en cuanto puedo, les cuento lo mucho que echo de menos España. Suele funcionar, aunque no siempre. El acento supongo que es lo que les molesta. O los errores gramaticales que podamos tener en nuestro bilingüismo. Hablamos inglés, pero no «inglés bueno», según su criterio. No inglés «perfecto», desde el punto de vista estadounidense, claro. Porque, a la hora de hablar... ¿qué entendemos por perfección?

En España, muchas veces, creemos que el despreciar o dar más valor a unos acentos que a otros solo lo hacemos nosotros. A pesar de que hemos ido evolucionando mucho al respecto, el que una persona en televisión o en la radio nacional hable con marcado acento andaluz, por poner un ejemplo, es algo todavía poco habitual. Mucha gente intenta disimular o suavizar su acento para hablar un español más neutro. Pero ¿qué es el español «neutro»? ¿Por qué los de Madrid, muchas veces, creemos que no tenemos acento cuando está claro que sí lo tenemos? ¿Y por qué mucha gente sigue creyendo eso de que «el mejor español es el de Valladolid»?

Cuando llegué a Miami me di cuenta de que, aunque en las entrevistas me habían asegurado que el dominio del inglés era fundamental para mi trabajo, lo cierto es que, para vivir en esa ciudad, hablar inglés no es necesario. Ni siquiera era tan importante en la oficina, solo necesitaba hablar inglés para hacer determinadas tareas —presentaciones y trabajos similares—, porque allí también la mayoría de las interacciones que tenía con clientes, proveedores y compañeros eran en español.

Todas las llamadas que hacía para cuestiones personales a empresas —para dar de alta la electricidad, por ejemplo— tenían la opción de «para español, oprima el 2». El español es la lengua que reina en Miami y, aunque en un principio pensé que no iba a aprender nada, ocurrió todo lo contrario. Quizá no mejorase mi nivel de inglés en un principio (hasta que conocí a Yankimarido), pero me llevé como experiencia algo mejor. ¡Mejoré mi nivel de español!

Cuando en tu oficina hay unas veinte nacionalidades distintas y la gran mayoría de ellas proceden de Latinoamérica, comienzan las conversaciones de besugos con los temas más intrascendentes, como las distintas formas de llamar a una misma cosa.

—¿Qué has traído de postre?

—Un cambur.

—Un... ¿qué?

—¿Cómo dicen ustedes, un banano?

—No, eso es en Colombia. En España es un plátano.

—Ah, bueno, eso. *A banana,* en inglés.

Es muy curioso ver cómo hay multitud de ocasiones en las que la manera más fácil de zanjar un tema o evitar malentendidos es recurriendo al inglés. Y también comprobar cómo, poco a poco, puedes ir ampliando tu vocabulario de español, la lengua que se supone que controlas, hasta el infinito, con palabras que jamás habías oído antes en ese mismo contexto. Porque un «paseo» puede ser también un viaje; una «pileta» puede ser una piscina y una boda puede ser también un «matrimonio», o un «casamiento». Ir de fiesta a tomarte unas copas puede ser ir a «rumbear» y «tomar unos tragos», las palomitas de maíz pueden ser «cotufas» y algo que es guay para mí, para otros puede ser «chévere», «padre» o «bacano». Y, de pronto, te das cuenta de que el hecho de que un madrileño diga «pajita» mientras que un catalán dice «cañita» es básicamente lo mismo que cuando, en Miami, los colombianos se refieren a eso como «pitillo», mientras que los mexicanos dicen «popote». Pero, por el contexto, siempre te terminas enterando y, al final, todos nos entendemos, aunque no digamos exactamente lo mismo.

Así que, a pesar de que los diez años que llevo en Estados Unidos me han pasado factura y ahora cometo faltas de ortografía que jamás pensé que cometería, gracias a mi paso por la cultura hispana panregional de Miami, ahora mi español es más rico en vocabulario. Además, aprendí incluso a diferenciar los acentos de distintos países y regiones. Cuando llegué, solo sabía diferenciar el acento mexicano, el argentino y el cubano. Y, de pronto, un día te das cuenta de lo distinto que suena el colombiano del venezolano. Y también comienzas a identificar el acento puertorriqueño, y el chileno, y el peruano. No me he vuelto ninguna experta en acentos (tengo un oído terrible), pero ahora, al menos, soy consciente de que en Cuba pueden hablar hasta tres acentos diferentes en función de la zona de la que vengan, o de que en Colombia no tiene nada que ver la manera de hablar de un paisa de Medellín con la de quien es de Bogotá, la capital, o de Cali, costeño. Toda esa riqueza cultural se la debo a Miami. Probablemente el lugar con más diversidad latinoamericana reconcentrada del planeta.

Pero, sobre todo, lo que le agradezco a Miami es enseñarme a percibir el bilingüismo de forma diferente y a comprender algo que nunca entendí viviendo en mi propia tierra.

Yo pensaba que ser bilingüe era ser capaz de hablar dos idiomas, pero solo si ambas eran habladas al mismo nivel de perfección. Y tenía un prejuicio que ni siquiera identificaba como tal. Porque a mí, hasta solo hace unos años, cambiar de idioma en mitad de la conversación, me parecía una falta de educación tremenda hacia mi interlocutor.

Recuerdo que, cuando llegué a mi oficina en Miami y me presentaron a mis nuevas compañeras —porque eran, en su mayoría, mujeres—, a pesar de que se daba por hecho que yo hablaba bien inglés, fueron muy pocas las que me saludaron en este idioma, ya que según decía mi nombre, era más que evidente que yo era española. Y es muy curioso cómo, en el momento en el que «conoces» a alguien en español, se hace algo incómodo hablar con esa persona en otro idioma. Es como que, sabiendo que puedes hablar en español, te sientes un poco raro eligiendo hacerlo en otra lengua.

Pero, en mi oficina, había gente con acento cubano y venezolano que jamás había puesto un pie en Cuba ni en Venezuela. Y que, a pesar de que podían hablar en español durante un ratito conmigo, jamás se atrevían a escribir en español ni una palabra, por miedo a cometer terribles faltas de ortografía y se sentían, en general, mucho más cómodas hablando en inglés.

Esto hizo que se dieran situaciones en las que la conversación comenzaba en español, pero, en el momento en el que había que utilizar vocabulario algo más complejo, mis compañeras cambiaban al inglés en mitad de la frase. A mí esto me descolocaba un montón y, por educación, también cambiaba yo al inglés, para contestar en el mismo idioma en el que me estaban hablando. En mi cabeza no existía la posibilidad de que una persona me hablase en inglés y yo siguiera respondiendo en español. Mi inglés no es perfecto, pero puedo decir todo lo que quiero decir, así que, para mí, el cambio a mitad de conversación solo suponía hacer un pequeño esfuerzo y la sensación de sentirme «rara» al hablar en inglés con un hispanohablante.

Sin embargo, esto se fue relajando mucho con el tiempo. Empecé a darme cuenta de que, si una amiga con la que hablaba español cambiaba, de pronto, al inglés, era para poder expresarse ella mejor. Para hablar más rápido, o para encontrar la palabra adecuada. Y, lo que es más importante, me di cuenta de que nadie esperaba que yo cambiara al inglés también en ese momento. Puedes tener una conversación completa en la que una de las dos personas habla inglés y otra en español. Puedes estar en un grupo de personas donde cada uno habla lo que en ese momento le apetece, y todos nos enteramos de todo. Y, si me estás leyendo y te has criado en un ambiente bilingüe, pensarás «claro, eso es lo más normal del mundo para mí también». Pero, viniendo de Madrid, para mí esto fue un gran descubrimiento y la caída de un gran prejuicio. Porque ahora, cuando voy a Valencia, o a algún lugar de Cataluña o Galicia, si me saludan o me contestan en su propia lengua a una pregunta hecha en castellano, siempre que sea inteligible para mí, no me parece descortés. Y ahora veo que parte del problema con las lenguas oficiales en España se debe a que las personas que solo hablamos castellano muchas veces no entendemos que esta dinámica de hablar dos idiomas a la vez es lo más natural del mundo para otros, y que no lo hacen «por joder», sino por pura costumbre. Es decir, que, a raíz de comprender cómo funcionaba el bilingüismo *Spanglish* en Miami, donde solo hablé inglés con gente que no hablaba español, por motivos de trabajo o simplemente cuando me apetecía, fui consciente de que este mismo comportamiento en sociedad se aplicaba a una gran parte de España también. Que se puede hablar medio en un idioma, medio en otro, y que nadie se ofende, ni lo toma como una falta de respeto. Porque la lengua, mucho antes de ser un arma arrojadiza o un elemento político, es una herramienta de comunicación. Y ahora que lo escribo me parece una obviedad, pero os aseguro que tuve que irme al extranjero y vivirlo en mis propias carnes para entenderlo.

Miami también me abrió los ojos acerca de la percepción de los acentos, ya que —como buena madrileña— siempre había considerado que yo no tenía de eso. Y pasé de «no tener acento» a tener «el mejor acento» para muchos latinoamericanos, donde cada vez que abría la boca había alguien que me decía que hablaba bien bonito. Pero también esto me sirvió para aprender que había otros acentos que eran percibidos, dentro de la hispanidad, como «peores». Sobre todo, los caribeños: las personas de Cuba, de República Dominicana y de Puerto Rico tienen la fama de hablar «peor español». Y por peor podemos entender que hablan más rápido, o con más anglicismos. El decir «parqueo» en vez de «aparco», o «pesos» en vez de «dólares». Y, ojo, a mí también hay cosas que me rechinan. Como cuando me dicen, ahora que trabajo a distancia, que «se ha frisado la pantalla», inventando el verbo «frizar», pronunciado «frisar», españolizando el verbo *to freeze* (congelar), por ejemplo. Pero también he sido víctima del cachondeíto constante por mi propio vocabulario, cuando hablo del «coste» de un proyecto en vez de «costo», que me suena rarísimo, o cuando se me ocurrió referirme, en español, al «ratón del ordenador», cuando, en Miami, es mucho más habitual decir «el mouse de la computadora». Aún recuerdo las risas que se echaron mis compis a mi costa cuando se me ocurrió hablar de la película *Lobezno* en vez de *Wolverine*. Me estuvieron llamando Lobezna durante meses. Y así, de repente, eres consciente de que no solo tienes acento cuando hablas en inglés, es que tampoco te libras de tu acento hablando en español. Y ser consciente de uno mismo todo el rato no ayuda a sentirse integrado.

Cuando llegué a Miami, de pronto me sentí mucho más insegura con el inglés que nunca. Se me colaban palabras escritas en inglés británico y fui consciente de que mi nivel de inglés era inferior al de otras personas hispanas que se habían criado ya en territorio estadounidense. Mi amiga Sophia fue quien me lanzó el salvavidas al que me he estado agarrando cada vez que he vivido algún momento tenso en una reunión por culpa del idioma o cuando me he sentido «la extranjera» en un círculo completamente anglosajón. «*Your accent is your charm*», me dijo Sophia. «Tu acento es tu encanto.»

Me lo dijo hace ya casi una década. Y aún hoy me lo repito como un mantra que me da seguridad. Y es lo que me ha permitido pasar de trabajar solo con el mercado latinoamericano a poder manejar sin problemas clientes de Norteamérica.

Porque, con el paso del tiempo, he aprendido también que los propios estadounidenses tienen prejuicios y discriminación por algunos acentos, no solo por el mío.

Y no hablo solamente de hablar inglés con acento de otro país, es que incluso dentro de los propios estadounidenses que hablan inglés parece haber niveles en función de su forma de expresarse.

Una compañera de mi oficina, a pesar de haber nacido en Miami, es hija de padres hondureños. Su primera lengua es el español, ya que es el idioma que habla en casa con sus padres, que no dominan el inglés a pesar de llevar viviendo en Estados Unidos las últimas tres décadas. Ella se ha criado en un ambiente hispanohablante y, aunque toda su formación escolar se haya desarrollado exclusivamente en inglés y lo hable perfecto, lo habla con acento. No es exactamente acento hondureño, como el de sus padres. Es lo que llaman en Miami el «acento de Hialeah». Porque todo aquel que se cría en ese barrio, en esa comunidad, tiende a hablar inglés con la misma musicalidad de sus vecinos, que son mayoritariamente centroamericanos o cubanos.

A mí esto me parece fascinante, porque hay muchos otros casos donde ves que esto no ocurre, siendo la única diferencia vivir en barrios más mezclados o ir a otros colegios con mayor cantidad de angloparlantes. Otra compañera es hija de una pareja procedente de El Salvador. Sus padres tampoco hablan bien inglés, pero, aun así, mi compañera no considera el español como su lengua materna, a pesar de que sea el idioma en el que hable siempre con su familia. Ella se siente infinitamente más cómoda hablando en inglés que en español, si puede elegir, y no tiene ni una brizna de acento que la delate como latina.

No tener «acento de Hialeah» es percibido como un privilegio, ya que hablar un inglés más estándar te libra de discriminación en el mundo laboral, por ejemplo. Pero no es algo evitable para un niño que se cría dentro de una cultura y en una comunidad hispana. Decía mi compañera, la del acento de Hialeah, que ella había intentado eliminarlo, hablar de otra manera, porque le acompleja un poco su forma de hablar inglés. Pero que no había sido capaz de lograrlo.

Y no solo el acento latino puede suponer un problema. En los medios de comunicación estadounidenses también se evitan ciertos dejes regionales y se tiende a hablar un inglés estadounidense neutro. El acento neoyorquino o de Nueva Jersey, típico de los *bridge and tunnel*, la gente que va cada día a trabajar a Manhattan desde los barrios de las afueras, es visto como un acento un tanto barriobajero, ya que es como habla en la zona la clase trabajadora, muchas veces mezclado con la musicalidad heredada de quien, cuando llegó a la gran ciudad, lo hizo hablando otro idioma: los puertorriqueños, los italianos, los judíos. De ahí que, aunque las grandes cadenas de televisión tienen sus centrales en la Gran Manzana, los presentadores de las noticias hagan el esfuerzo de ocultar, si lo tienen, ese acento «de barrio». También se intenta evitar el acento del Sur pronunciado y el del medio oeste, especialmente el que es frecuente al norte de Minnesota, lo que se conoce como el «acento de Fargo».

Fargo, además de ser una gran película de los hermanos Coen, es un lugar real. Una pequeña ciudad de Dakota del Sur, cercana a la frontera con Minnesota, en pleno centro del país y en mitad de la nada. En esta zona, de gran influencia nórdica, hablan inglés con un deje que, por su falta de sofisticación, al resto de estadounidenses les parece gracioso, aunque no estén contando chistes. Ese inglés «de pueblo» también se evita en los medios de comunicación, aunque los Coen, oriundos de allí, convirtieran la forma de hablar en un elemento clave de su película tragicómica.

Sí, los estadounidenses también discriminan por acentos y también buscan que el inglés de los anuncios y de la televisión sea lo más estándar posible. La industria del cine en Hollywood es experta en utilizar los acentos como parte del «vestuario» de los personajes: los policías suelen hablar con acento irlandés, porque tradicionalmente es un trabajo asociado a ellos, las chicas guapas y tontas suelen tener acento del valle de San Fernando, en California, los mafiosos siempre hablan como los italoamericanos de Brooklyn y los *cowboys* suelen tener un marcado acento texano. También se utiliza el inglés vernáculo afroamericano (AAVE) muchas veces para personajes negros y lo oímos constantemente en canciones de rap y hip-hop. Este es un dialecto que suena muy diferente dentro del inglés, que a mí aún me cuesta entenderlo y que tiene estructuras diferentes, por lo que erróneamente, muchos clasifican de ser «inglés con fallos». Por ejemplo, mientras que en inglés no se hace doble negación, en inglés afroamericano vernáculo sí es habitual.

Es decir, que el inglés estadounidense no es un bloque único y hay un sesgo que, casualmente, siempre deja en peor lugar a los acentos influenciados por culturas no anglosajonas. Se considera el equivalente a nuestro «español de Valladolid» a todo ese inglés estándar que, a pesar de sonar muy estadounidense, solo tiene influencia británica o, como mucho, alemana.

Ese es el considerado buen inglés y, aunque yo llegase a hablar siempre perfectamente a nivel gramatical —que, sinceramente, a estas alturas dudo que consiga hacerlo—, sé que mi acento español, con mis vocales más abiertas de lo que deberían, le reduce «calidad» a mi manera de hablar para algunas personas. Y, aunque para muchas otras, mi acento sea, efectivamente, mi encanto, como dijo Sophia, una siente que nunca es totalmente de un sitio si no habla exactamente igual que los demás.

El caso más extremo que he vivido en relación a los idiomas fue aquel día en el que, ya viviendo en Chattanooga (Tennessee), un señor mayor, alto, delgado, con un peto vaquero y el pelo blanco despeinado, me oyó hablar al teléfono en el supermercado. Estaba haciendo unos vídeos rápidos para Instagram, hablando en español, mostrando unos cuadernos para colorear que me habían sorprendido porque eran dibujos de distintos animales exclusivamente tirándose pedos. A mi espalda, le oí espetarme: *«Oh, fuck you!»* y, al ver que yo no le contestaba ni media palabra y seguía grabando mi vídeo de quince segundos, se marchó de mi lado, indignado. Para cuando me di la vuelta, ya había avanzado por el pasillo, empujando su carro. Por un momento dudé, quizá le habían ofendido los animales con gases... Pero no, quien le ofendió fui yo.

Cuando fui a pagar, me lo volví a encontrar porque estaba en la cola delante de mí. No sé si él me volvió a ver, pero cuando le tocó ser atendido, se quejó amargamente en voz muy alta a la cajera —que tiene la obligación de preguntar a cada cliente si encontró todo a su gusto— de que en el local «se estaba hablando en español y no en inglés», como si aquello fuera un delito. Yo seguí sin abrir la boca, aparentando que aquello no me incumbía. Realmente me pareció una situación tan surrealista que me sentí ajena al problema, como si yo solo fuera una espectadora de algo muy raro que estaba pasando frente a mí, pero que no iba conmigo. Me dio muchísima pena ese señor mayor porque le vi francamente disgustado. No me lo tomé como algo personal, porque creo que no era algo personal. Aquel señor se lamentaba de que yo hablara español en voz alta como si aquello fuera parte de una terrible invasión que fuera a arrebatarle sus propiedades o incluso, quién sabe, sus derechos, su identidad y su cultura. Supongo que lo que me dio pena fue poder leer entre líneas su miedo. Se podía pelar el odio que lo revestía como si fuera una piel de plátano. Ese anciano cabreado, para mí, en vez de ser un racista o un xenófobo, era un ser aterrorizado. Al fin y al cabo, ese terror al forastero ha existido siempre, aunque no por parte de sus antepasados. En este mismo lugar, en Chattanooga, donde ahora vivo, hace solo un par de siglos que quizá sus ancestros echaron a patadas a los nativos para que se fueran al infierno... o a Oklahoma, que, para el caso, es lo mismo. Supongo que a los cheroquis también les daban los siete males cuando oían hablar inglés a su alrededor en el pasado. Pero claro... yo no he venido a exterminar a nadie. No es lo mismo.

Puedes venir a Estados Unidos mil veces de visita o incluso vivir en una burbuja expatriada y no ver nunca nada de esto, pero eso no significa que no exista. Porque el racismo es como una de esas secuoyas gigantes de la costa oeste, pero plantada en el Sur de Estados Unidos. Un árbol enorme con unas raíces profundísimas que llegan a todos los rincones del país y que da sombra a todo el territorio nacional gracias a sus mil ramificaciones de odio, xenofobia, desigualdad y prejuicios.

15

ROGER

Después de unos años trabajando en la agencia de medios de Miami a la que llegué desde Madrid, empecé a trabajar en una empresa completamente anglosajona de Fort Lauderdale. Y allí, por primera vez en mi vida, tuve compañeros de trabajo negros.

Uno de esos compañeros fue Roger, con quien me llevé bien desde el principio y tuve algunas conversaciones de lo más interesantes. Él fue quien me hizo los comentarios sobre mi pelo rizado que me llevaron a descubrir la marginación que sufren las mujeres con pelo afro en este país, a empezar a informarme y a escribir un episodio de mi pódcast sobre ello varios meses más tarde.

Pero Roger y yo hablamos de muchas otras cosas, no solo sobre si yo prefería llevar el pelo liso o rizado. Recuerdo que, a raíz del Día de la Mujer, tuvimos una conversación muy profunda en la cocina. Yo llevaba una camiseta que ponía «*Nevertheless, she persisted*», una frase que hacía alusión a la insistencia de la senadora Elizabeth Warren.

El año anterior, cuando el Senado estaba en proceso de aprobar a Jeff Sessions para ocupar, bajo el mandato de Trump, el puesto de fiscal general del Estado, Elizabeth Warren se opuso con dureza, basando su negativa en una carta de Coretta Scott King, la mujer de Martin Luther King, que había sido enviada en 1986 al Comité Judicial del Senado para denunciar el comportamiento racista que ya por entonces mostraba

Jeff Sessions. Resumiendo mucho la historia, a Elizabeth Warren le silenciaron el micrófono y la explicación que Mitch McConnell dio fue que «su discurso estaba siendo muy largo y parecía que había violado alguna norma. Se le advirtió y explicó y, aun así, ella persistió».

A pesar de que se le silenció el micrófono a ella, a otro senador sí le dejaron terminar de leer la carta. Y esa frase «Y, aun así, ella persistió» se convirtió en una cita adoptada por la lucha feminista. Una lucha feminista que, en este país, está tremendamente mercantilizada y, por eso, no tardaron en hacerse camisetas con la frase. Yo me compré una y me la puse para ir a la oficina aquel Día Internacional de la Mujer.

Mientras llenaba mi botella del agua y Roger se hacía un café, me preguntó por la camiseta. Y, a raíz de que yo le explicara que era 8 de marzo y que, en España, al menos, celebrábamos el Día de la Mujer reivindicando nuestros derechos, me dijo que su niña de seis años jamás sabría lo que es el machismo gracias a que él la apoyaba muchísimo en todo lo que hacía y le estaba enseñando a quererse a sí misma.

Esta visión del feminismo como «autocuidado» de la mujer me rechina cada vez más. Mientras que en España el feminismo es una «lucha» que intenta equiparar derechos con legislación, en Estados Unidos, desde hace ya varias décadas, el feminismo es solo un estado mental, un «empoderamiento de la mujer», una reivindicación más de nuestra autoestima que de nuestros derechos reales. En un país en el que ni siquiera una baja por maternidad pagada está sobre la mesa de negociación en el poder legislativo, en un país en el que ningún partido político promete a las mujeres luchar contra la discriminación o la diferencia de sueldos, y en un país en el que es norma general que las mujeres renuncien a su apellido y lo cambien por el del marido, lo que se considera «educación feminista» solo es educar a las mujeres para que luchen por sus propios derechos de manera individual, nunca unidas.

—Roger, tu hija es mujer y es negra. Decir que la estás empoderando para que no sea nadie machista con ella es igual que decir que, gracias a que eres un buen padre que la apoya, jamás sufrirá racismo. ¿Eso lo ves posible?

Como hablar de racismo —o mencionar su existencia siquiera— no está bien visto ni es habitual en las charlas informales entre compañeros de oficina, Roger en ese momento se quedó frío. Le cambió la cara. Se puso serio. Estábamos solos en la cocina, pero se podía cortar el ambiente con un cuchillo. Yo jugaba la baza de «soy extranjera»; a veces expreso ideas un tanto transgresoras excusándome en no entender del todo su cultura. Así que me dijo, apretando los dientes:
    —No puedo evitar que mi hija sufra el racismo, porque el racismo es estructural. Claro que mi niña va a sufrir el racismo, haga yo lo que haga.
    —Pues el patriarcado es lo mismo, Roger. Ella es mujer y negra, así que lo tiene, sepa o no su valía, muy jodido. Fenomenal que le des todo tu apoyo y le enseñes a no dejarse pisotear por nadie, pero no todo está en su mano. Ser víctima del racismo sistémico es terrible, pero no subestimes tampoco lo instaurado que está el machismo. A ver si te crees que va a tener las mismas oportunidades o va a cobrar lo mismo que si fuera un hombre.

Cogí mi botella llena y me fui de allí. Y, desde aquella conversación tan intensa, Roger siempre me buscaba para hablar. En los meses posteriores terminamos hablando de temas tan diversos como el concepto del patriotismo, de la deuda estudiantil y también de la pobreza.
    Me contó que él no era de Miami, sino que se había criado en una zona rural de Florida, en algún lugar al sur del lago

Okeechobee. Sabía que tenía muchos hermanos, eran ocho o nueve, que él supiera, porque su padre entraba y salía y había perdido la cuenta. Había tenido una infancia francamente dura en la que no siempre había dinero para zapatos para todos. En su colegio, cada año que pasaba eran menos alumnos. Y de su promoción del instituto, solo dos compañeros se graduaron sabiendo que irían a la universidad. Él, gracias a que tenía bastante buenas notas y estaba decidido a endeudarse para hacerlo, y otro compañero que logró salir de allí gracias a una beca para jugar al fútbol americano en la universidad. De aquello hacía ya más de veinte años y mi compañero seguía dedicando parte de su nómina a pagar aquel préstamo al banco cada mes. El precio a pagar por ser pobre y empeñarse en ir a la universidad. Aunque pudiera parecer que él y yo estábamos en aquel momento en igualdad de condiciones, no lo estábamos. Yo cobraba, y llevo cobrando desde que me gradué de mi universidad, mi nómina entera. A él aún le quedaban bastantes años por amortizar. Había conseguido poner en marcha una vida, formar una familia, comprarse una casa en una buena zona. Eso sí, la deuda que tenía era inmensa y siempre estaba pensando en posibles negocios alternativos y complementarios a su trabajo. Estaba creando una aplicación para el teléfono que pensaba vender algún día. Esto no es nada raro, lo de tener dos trabajos y que uno de ellos sea tu propio negocio. En mi entorno estadounidense raros son los compañeros de mando intermedio que no trabajan en algún otro sitio además de en la empresa en la que coincidimos. Muchos son fotógrafos de bodas, o hacen trabajos de diseño *freelance*, o tienen una heladería, o hacen manualidades que venden en mercadillos, o son gestores y se sacan un dinero haciendo la declaración de la renta a otros en temporada de impuestos. A veces son trabajos relacionados con su actividad profesional «oficial», pero otros no tienen nada que ver. Son solo otras vías de generar más ingresos. Porque si no, con un solo trabajo no llegas. No da para pagar las deudas. Ni para cambiar de coche. Ni mucho menos para ahorrar para la universidad de tus hijos.

Así que Roger hacía lo que podía y se sentía muy orgulloso de haber salido, aunque fuera en parte solamente, de su círculo de pobreza. No había vuelto nunca al lago Okeechobee. La mayoría de sus hermanos y de sus amigos, sin embargo, seguían viviendo en aquel pueblo, sin más futuro que el de poder saltar de trabajo en trabajo en los que pagan solamente el sueldo mínimo. Sin poder heredar otra cosa que la pobreza.

Un día llegué a aquella oficina y la contraseña de la puerta no funcionó. Habían cambiado el código. Así me enteré de que Roger ya no estaba. Él siempre llegaba pronto, antes de la hora. Pero, aquel día, en su escritorio ya no estaban los marcos con las fotos de su mujer y sus hijos. Al parecer, le habían pillado trabajando en su proyecto de *app*. No era el único que lo hacía, incluso en horas de trabajo, pero a él lo habían despedido. Tampoco, aunque antes y después de él se echó a otras personas, la contraseña de la puerta volvió a cambiar.

16

ECHANDO DE MENOS A «PAPÁ ESTADO»

La primera vez que fui consciente del nivel de pobreza que existe en Estados Unidos fue antes de expatriarme. Ya me impresionó la pobreza cuando fui, por primera vez, de turismo a San Francisco. Siendo una ciudad tan pequeña, la cantidad de personas que se veían viviendo en la calle y mendigando era algo de lo que era imposible no darse cuenta. En ese momento pensé que sería un problema puntual de esa ciudad. Una mala gestión. Incluso llegué a pensar en que allí se agrupaban todos los pobres de Estados Unidos atraídos por el buen tiempo de California. Obviamente, nada de aquello tenía sentido.

Siendo el país más rico del mundo, Estados Unidos está repleto de pobres. De hecho, yo clasificaría la pobreza estadounidense en tres grupos: los pobres que no tienen nada, que viven en la calle con lo mínimo; los pobres que tienen trabajo pero viven una vida terriblemente difícil, sin casa en muchos casos, sin ayudas, sin salud física ni mental y, muchas veces, ahogados en el pozo de las adicciones; y los pobres que no lo parecen, que no saben ni que son pobres, porque tienen casa, tienen trabajo, tienen una vida más o menos decente, pero viven hasta el cuello de deudas. Gente que no puede pagar ni un solo imprevisto, que están a un golpe o dos de mala suerte para descender al infierno de cabeza.

Cuando venimos de visita vemos a todos, a los tres tipos de pobres, pero no siempre los sabemos identificar. Solo nos llaman la atención los pobres que percibimos como una amenaza, los que vagan por las calles de Manhattan o viven en las tiendas de campaña que nos incomodan en las aceras de Los Ángeles. Solo cuando los sintecho invaden las zonas turísticas nos resultan muy evidentes, y los Ayuntamientos se encargan de echarlos para no espantar al turismo, utilizando herramientas como una arquitectura hostil, que se encarga de que los bancos no resulten cómodos y permitan tumbarse a dormir. Es muy habitual ver carteles de «*No Loitering*» (no deambular), a pesar de que prohibir vagabundear o perder el tiempo como medida de prevención ante la posibilidad de que esa persona cometa un delito no es constitucional. Pero los carteles, colocados por manos privadas en la mayoría de los casos, existen porque se quiere evitar que haya personas que, sin necesidad de que vayan de un lugar a otro, simplemente estén frente a un comercio o una casa, por ejemplo. Y los *homeless* simplemente están.

Muchas veces, las ciudades traspasan el problema de los *homeless* a las ONG, las iglesias y otras organizaciones. San Francisco, para encargarse de su crisis con la pobreza, dedica cientos de millones de dólares de presupuesto con unos resultados pésimos, ya que gran parte de ese dinero se dedica a alojar a estas familias temporalmente en moteles, a poner parches y a pagar a intermediarios en vez de proporcionarles una solución permanente y real. Porque lo que falta en San Francisco —y en muchos otros lugares del país— es, simple y llanamente, vivienda. Vivienda asequible. Hay muchos sintecho porque lo que no hay son techos, techos dignos para todos. Lo que no falta en San Francisco es trabajo, el porcentaje de paro no supera el tres por ciento, pero, para poder vivir en el área metropolitana de San Francisco, no solo es necesario tener un trabajo. Hace falta tener un trabajo que te pague, al menos, tres veces el sueldo mínimo para poder pagar un sitio en el que dormir.

Un ejemplo muy sencillo para entender la situación son *Los Simpson*. La serie de Matt Groening, que realiza una sátira constante de los problemas de Estados Unidos a través de una familia de clase media-baja, no es percibida de la misma manera por el espectador estadounidense que por muchos españoles. Porque, aunque la serie refleje el estilo de vida de los padres de su creador, cuando aún se podía vivir —e incluso criar varios hijos— teniendo como ingreso únicamente el sueldo del padre de familia, y aunque haya muchísimas referencias a la escasez de recursos económicos en ese hogar, la casa en la que viven, esa casa grande con jardín y garaje en una zona residencial, para el espectador español significa que su vida es menos precaria de lo que parece. Al fin y al cabo, ¡viven en un chalet! Pero, para el espectador estadounidense, es obvio que esa casa con jardín es una vivienda de clase media-baja, de gente que está al límite de la pobreza. No tiene nada de fantástico tener jardín, ni garaje, ni dos coches, ni una casa de dos pisos. Sobre todo, porque todas esas cosas son básicas en la cultura estadounidense suburbana. El coche es necesario por la falta de transporte público en la mayoría del país: sin coche no puedes ir a ningún sitio. Tener coche, a no ser que vivas en un pequeño puñado de ciudades, es lo mínimo para poder acceder a servicios básicos, como el supermercado, el médico o el colegio.

Tan vital es el coche que hay muchas personas que se encuentran en la situación de no tener casa, pero sí coche. Los medios, que dulcifican siempre el problema de la pobreza, llaman *vehicular residency,* que suena mucho mejor, al drama de tener un trabajo (o varios trabajos) pero que esté tan mal pagado que no te dé para pagar un alquiler y que, por eso, te veas obligado a dormir en tu coche. Y, aunque más de la mitad de las ciudades estadounidenses tienen alguna ley que restringe vivir dentro de tu vehículo, esta es una nueva normalidad en muchos lugares de Estados Unidos, donde cada vez se están habilitando más aparcamientos para que estas personas puedan estar seguras mientras duermen en plena calle, pero a cubierto y con el asiento echado para atrás.

Hice un episodio de pódcast sobre la pobreza porque, cuantos más años llevo viviendo en Estados Unidos, más convencida estoy de que la pobreza no es un mal lejano en este país ni algo que solo ocurre a unos pocos. Este país se jacta de tener una mayoría de población de clase media, pero tengo la impresión de que lo que tiene es una «clase media en riesgo de pobreza». Viven por encima de sus posibilidades por el dichoso historial de crédito. Salen de sus carreras universitarias endeudados hasta las orejas con préstamos de intereses infernales. Millones de personas viven arriesgándolo todo, sin pagar la fortuna mensual que cuesta un seguro de salud y rezando para no enfermar o sufrir un accidente. Y rezando literalmente, porque es muy probable que, en el caso de contraer un cáncer o de que sea necesaria una operación, la comunidad de su iglesia será quien les eche una mano con los gastos.

La precariedad en la que vive la gente y la tranquilidad con la que conviven con ella me sorprende constantemente. A nadie le extraña, por ejemplo, que un compañero de trabajo —de un trabajo bien pagado, además— diga que hasta dentro de tres meses no va a poder arreglarse una muela que le duele porque aún está pagando otros gastos médicos. A nadie le extraña que la gente pague el parto de su bebé en cómodos plazos. Es normal que, si tu niño ha nacido con un problema cardiovascular, abras un GoFundMe dando todo lujo de detalles sobre tu caso, esperando que miles de desconocidos te ayuden a pagar la factura que suponga que tu bebé pueda seguir viviendo. Desde que vivo aquí he donado ya dinero para cubrir gastos sanitarios de personas —¡y perros!— que ni siquiera conozco, al menos, en cuatro o cinco ocasiones. Te llega la llamada de auxilio por alguien que conoces y respondes. El problema es que quien debería responder no somos nosotros. No debería depender de mí que ningún ser humano siga vivo.

La falta de sanidad pública provoca que este país viva al borde de la pobreza. Existen unos servicios mínimos, minimísimos, de cobertura sanitaria para los muy pobres, pero la gran mayoría de la población está falta de red. Ver las cifras asusta. Según la Asociación Nacional de Clínicas Gratuitas y de Caridad, en Estados Unidos hay unas mil cuatrocientas clínicas gratuitas para personas con muy bajos recursos. Parecen muchas, pero si buscas el número de personas que reciben tratamiento allí —solo dos millones de los trescientos treinta millones de población total— te das cuenta de que los requisitos y limitaciones de esta caridad son casi infinitos. El Gobierno ayuda muy poco y esto varía muchísimo por estados, ya que, por ejemplo, cuando Obama sacó adelante su Obamacare, ofreció una partida presupuestaria a los estados para ampliar los recursos de Medicaid, el programa sanitario para personas pobres. Los estados republicanos rechazaron esta ayuda, mientras que los demócratas la aceptaron.

Una residencia para ancianos que necesitan cuidados puede costar aquí alrededor de ocho mil dólares al mes. En la vejez, muchos estadounidenses de esta clase media precaria venden su casa y, con lo que ganan, pagan sus tratamientos y cuidados hasta el final de sus días. Si tienen suerte, se mueren antes de que se acaben los ahorros. Si no tienen suerte y llega un momento en el que estos acaban, su calidad de vida dependerá del estado en el que vivan. En aquellos donde se acepta el dinero para Medicaid, la posibilidad de que el Gobierno cubra los gastos es mucho mayor que en los estados en los que se rechazó ese dinero para los ciudadanos más vulnerables.

Es terrible lo que cambia la vida el no tener acceso a una sanidad pública o a determinados servicios sociales. Soy consciente, desde hace unos años, del verdadero sentido de la expresión «estado del bienestar». Ese bienestar es la tranquilidad que da saber que no estás abandonado a tu suerte por completo, que ahí está «papá Estado» para echarte una mano. En Estados Unidos, el Estado no es tu padre, es tu jefe. Se encarga de que cumplas las normas, de vigilar si entras o sales, de que pagues tus impuestos. Pero no te protege. Te da libertad para que tú elijas lo que quieras. Esto se reflejó perfectamente en la reacción frente a la pandemia durante el 2020, donde muy pocos lugares de Estados Unidos pusieron restricciones y, en la mayoría del país, se dejó a la gente morir. Hubo alrededor de mil muertos al día durante el primer año de la pandemia. Ni siquiera el presidente Donald Trump se tomaba el virus en serio y la única preocupación de la clase gobernante era el impacto del virus en la economía. No podían cerrar los negocios, aunque se estuviera muriendo la gente. No podían garantizar la cobertura médica de todos, ya que la sanidad es privada. Fueron muchos médicos los que dejaron de atender a sus pacientes. Mi médico de cabecera decidió jubilarse y me costó horrores encontrar a alguien que me recetara un antibiótico, y eso que ya estábamos casi al final de la pandemia. Tenía una infección de orina y tuve que llamar a ocho médicos distintos hasta que uno me aceptó como paciente. No es que estuvieran desbordados, es que son ellos quienes ponen las normas.

Y la pandemia fue algo insólito, pero esta «libertad» y falta de regulación que te deja sin el cariño de «papá Estado» afecta a todos los niveles.

En Miami, por ejemplo, no existe una ley que te obligue ponerte el casco cuando vas en moto. Tienes libertad hasta para elegir si quieres arriesgarte a matarte. En el estado de New Hampshire, cuyo lema es «vive libre o muere» y presumen de ser «uno de los estados más libres» de Estados Unidos, no es obligatorio ni ponerse el cinturón de seguridad en el coche. El lema, tal vez, debería ser «vive libre y muere».

Cuando mi madre, en España, se jubiló, mi padre y ella se apuntaron al IMSERSO. Gracias a ese programa, desde ese momento han viajado varias veces al año. Mis suegros, de la misma edad que mis padres, viven estos mismos años de una forma muy diferente. Para empezar, no se jubilaron. Fue la propia vejez —la artrosis y el deterioro cognitivo— la que hizo que llegara un día en el que no pudieron trabajar más, mal que les pesara. Cuando vieron que, por problemas físicos, no podían seguir con su trabajo, acudieron a un gestor financiero que les hizo un plan. Según tus ahorros, tus ingresos y tus gastos, te queda X dinero al mes para gastarte durante los próximos... veinte años. No hay partida para viajes y no hay un IMSERSO que los subvencione. Perteneciendo ambos a la misma clase media, mis padres viajan cada año a un balneario y mis suegros no salen de su casa si no es para visitar a algún familiar. Mis padres tienen médico a todas horas, citas para revisarse lunares, para comprobar que el tratamiento que siguen funciona, para que les vea un especialista, sin pagar un céntimo de más. Mi suegra tuvo que esperar tres meses para que le viera un neurólogo y están pagando aún los gastos que no cubrió Medicare de la última vez que mi suegro tuvo un ingreso hospitalario. Mis padres sufren las esperas porque el desmantelamiento del sistema público de la sanidad madrileña es evidente, pero siguen teniendo médicos a su disposición de forma gratuita y constante. Van los dos al polideportivo, a clase de pilates un día a la semana, por solo siete euros al mes. Van al centro de mayores, donde toman clases de baile gratuitas y charlan con otras personas. Mis suegros no tienen manera de hacer ejercicio ni de socializar siquiera si no van en coche a algún sitio. Mis padres no cogen el coche a no ser que vayan a salir de la ciudad, porque el abono de transporte les sale muy barato y los lleva a todos los sitios. Y desayunan cada día en la cafetería que está en frente de su casa, rodeados de vecinos.

Eso es el bienestar. Yo, en Estados Unidos, echo de menos a mis padres y también, por qué no decirlo, a «papá Estado». Pero fui una hija ingrata y no me di cuenta de todo lo que estaba dispuesto a darme. A veces creemos que cualquier otro padre nos daría más cariño y yo siento que fui una niña malcriada. De esas que amenazó con irse mil veces, que le gritó hasta la saciedad que era lo peor, y que un día cogió el hatillo y se fue de casa.

17

LOS PROGRAMAS DE CASAS Y DE TIBURONES

Suzie, una compañera de trabajo, fue a visitar hace poco a sus padres desde Miami, donde vive ella, a Dakota del Sur, en el corazón de la América rural. Su padre, ahora parcialmente retirado, se ha dedicado toda la vida a la caza y agricultura, trabajando sus propias tierras. Siempre que decía que ella se había criado en una granja, yo me imaginaba una casa muy humilde, pero, cuando vi el interior a través de una videollamada, me dejó fascinada. No solo por lo bonita que era por dentro y por fuera, sino por el tamaño y, sobre todo, por la falta de vecinos. «Sí que tengo vecinos, mira, te enseño», me dijo, girando la cámara y ampliando la imagen por la ventana. Los «vecinos» eran una mancha, algo que se intuía en el horizonte, a muchísima distancia. A una distancia definitivamente imposible de caminar. Su familia nunca fue pobre, pero tampoco son ricos. Lo que estaba viendo en mi pantalla era «una casa normal de Dakota del Sur».

Claro, si buscas la localidad donde se encuentra esa casa en Google Maps, verás que está a casi 700 kilómetros del aeropuerto internacional más cercano. Esa casa gigante tan bonita está en medio de la nada.

Cuando yo vivía en España, podía pasar horas viendo los «programas de las casas». Esos programas donde unos gemelos —los «Property Brothers»— te dejan tu casa preciosa o, incluso mejor, te consiguen otra aún más grande. Siempre dentro de presupuesto, siempre con espacio de sobra, siempre con hectáreas de jardín, con una escalera preciosa, con efecto «guau» al entrar y con una habitación para la despensa y otra solo para la lavadora. También el de los canadienses, el *realtor* calvo y la diseñadora de interiores, que se lo curran tanto que te dejan en el aprieto de tener que elegir entre quedarte con una casa renovada y revalorizada o mudarte a otra nueva vendiendo la anterior y sin que te suponga ningún esfuerzo económico.

Los «programas de las casas» se cuelan en nuestros diminutos pisos españoles para ponernos los dientes largos. Parejas con un hijo, felizmente embarazadas del segundo, que se quejan amargamente de la falta de espacio de su actual chalet de tres niveles. Necesitan un garaje más grande, ya no les caben los dos todoterrenos. Su perro no está haciendo todo el ejercicio que necesita en sus ochocientos metros de jardín. Necesitan un dormitorio más, porque por nada del mundo pueden compartir cuarto los dos hermanos, y mucho menos el cuarto de baño, si no quieren pelear constantemente. Los armarios hace años que se les quedaron pequeñísimos, solo caben en cada zapatero los primeros veintisiete pares de zapatillas. Ella sueña con un baño con ducha y bañera por separado en el que poder encerrarse. Él solo pide su propio espacio para elaborar cerveza casera, algo que ya cuando compraron aquella primera casa tuvo, el pobre, que sacrificar. La cocina es un desastre, tiene un solo horno, no hay donde colocar los treinta y ocho botes de especias y, encima, no está abierta al comedor, así que, cuando vienen los dieciséis primos de Wisconsin a casa a celebrar Acción de Gracias, no hay manera de acomodarlos a todos para que te hagan compañía mientras preparas los platos. El sótano aún está sin terminar, les ha ido dando pereza hacerlo en los últimos ocho años, y lo tienen lleno de trastos. Solo hay un cuarto de invitados y un baño, pero nadie quiere quedarse a dormir ahí porque la lavadora y la secadora están al lado, así que, si es día de colada, el ruido es tal que no se puede descansar. No hay manera de vivir en ese cuchitril. O renuevan de arriba abajo esa casa o se van.

El espacio, que nosotros vemos como un verdadero lujo, en la mayor parte de la extensión de Estados Unidos no solo no falta, es que se desperdicia con total normalidad. Además, estos programas de televisión nos hacen creer que el poder adquisitivo del estadounidense medio le permite vivir antes de los treinta casi en una mansión. Vemos, en cada episodio, presupuestos absurdos de muchos cientos de miles de dólares procedentes de trabajos no tan sofisticados. Parece que una pareja en la que ella es asistente de veterinario y él comercial puede comprarse fácilmente una casa de más de medio millón de dólares que incluya un hermoso jardín con piscina, doble garaje, terraza con zona de barbacoa, salón con chimenea, cocina con isla, dormitorio con un par de sillones, baño con dos lavamanos y un señor vestidor.

También parece facilísimo encontrar un chollo, una vieja casa por cuatro duros que tú mismo derribas con un mazo para rehacerla entera en cuestión de tres o cuatro semanas, con algo de ayuda de unos obreros que son tan mañosos que consiguen dar una nueva vida a algún elemento de la antigua casa: el abrevadero que encontraron tirado en el jardín se convierte en un hipermoderno, pero rústico, lavabo. Y, de pronto, por solo unos pocos cientos de miles de dólares entre tierra, materiales y mano de obra, puedes presumir de la sofisticación de tu nuevo hogar.

Si buscas en Google dónde está semejante chollo, puedes encontrar que, muchas veces, son casas construidas a las afueras de lugares tan remotos como Waco, en el medio de Texas, donde hacerse una casa de más de doscientos metros cuadrados por poco más de cien mil dólares aún es una realidad. Claro que tiene como contra tener que vivir en Waco, Texas.

Una vez conocí a una chica de allí. Venía a mi oficina de Fort Lauderdale a trabajar una vez al mes y el resto del tiempo trabajaba desde casa. Cuando me dijo que era de Waco, me interesé, porque el lugar me sonaba de aquella historia tremenda con la secta de los davidianos que ocurrió en 1993. Un tal David Koresh convenció a casi un centenar de personas de que él era el Mesías y, atrincherados en un rancho del Monte Carmelo texano, a las afueras de Waco, él y sus seguidores mantuvieron una guerra durante cincuenta y un días contra nada más y nada menos que el FBI. Terminaron ardiendo casi todos, incluidos veintiocho niños, en aquel infierno.

—¿Y qué tal se vive en Waco? —pregunté sin mencionar este incidente a mi compañera.

—Mientras no salgas de casa, bien —me contestó.

Pensé que estaba de broma, por aquello de meterse con los texanos, que tienen fama de brutillos y eso. Así que insistí.

—No, en serio, ¿es bonito aquello?

—Mi casa es preciosa. Pero llevo ocho años viviendo allí y aún no he conseguido congeniar con ningún vecino. Al principio muy bien todo, pero si no participas en su iglesia, te ponen en la lista negra. Y si te insisten y sigues sin participar, te dejan de saludar. Entonces llega un momento en el que nadie te habla y vives solo. Tenemos una casa enorme, pero estamos aislados. No creo que los vecinos vinieran a ayudarme, aunque vieran un día mi casa ardiendo.

Desde aquella conversación, veo de forma diferente los programas de las casas. Casi nunca dicen la localidad exacta, así que me imagino que esas casas fantásticas están en un lugar maldito donde todos los vecinos conspiran contra el nuevo inquilino y no saludan al pasar. Quién sabe. También he conocido a gente que vive en urbanizaciones donde son tan amigos de sus vecinos que cada viernes cenan todos juntos, haciendo barbacoas cada semana en una casa distinta. Lo que está claro es que esos programas de televisión no siempre reflejan la realidad estadounidense. Y tampoco reflejan, ni siquiera remotamente, lo que nosotros interpretamos como realidad desde nuestra visión española. Porque, a pesar de que siempre se enfrentan a dramas en el caso de meterse en obras, como las termitas en la madera, humedades o, en el peor de los casos, el temido asbesto, da la sensación de que no hay nada que unos pocos miles de dólares no puedan arreglar.

Cuando hablan de lo importante que es la *location*, la ubicación, se refieren a que la casa que buscan ha de estar cerca del colegio, de la iglesia o de las casas de sus amigos. Nadie pide que la casa esté a una distancia lo suficientemente corta de tiendas, médicos o de una farmacia como para poder ir andando, por ejemplo. Las calles no suelen tener ni acera, de hecho, y nadie ve un problema en ello. Al contrario, si se trata de una calle demasiado transitada, la propiedad pierde puntos. Que pase un autobús por la puerta supone más ruido, no mayor comodidad.

Cuando llegué a Miami seguía siendo una aficionada a estos programas de las casas y creo que, con el tiempo, me los he ido creyendo menos y, a la vez, los he ido disfrutando más. Lo que antes me parecía aspiracional, como pasar las hojas de una revista de decoración, ahora me parece una sucesión de despropósitos y una sátira de la sociedad estadounidense actual.

Solo la mitad de los *millennials*, a pesar de ser cuarentones ya, son propietarios de casas en Estados Unidos. De hecho, es la generación que más años ha tardado en conseguir poder tener una propiedad, en general. Lo que antes era muy normal, que era comprar una *starter home* y luego mudarse a otra más grande, no lo es tanto en la actualidad. Así que ver en mi pantalla a gente de alrededor de treinta años interesada en poner a la venta su primer chalet para poder comprar otro, esta vez con piscina, me causa la misma reacción que ver *Ha-rry Potter y la piedra filosofal*. Los programas de las casas no son un *reality show*. Son ficción. Sigo disfrutando de ellos porque es divertido lo guionizados que están, y lo previsibles que son. Pero si la industria del mercado inmobiliario mueve miles de millones, la industria del mercado inmobiliario televisado no se queda atrás.

Hay un canal de televisión, HGTV, dedicado las veinticuatro horas del día a este tipo de programas. Algunos te buscan casa en distintas ciudades, otros se especializan en lugares vacacionales y segundas residencias. Hay muchísimos programas enfocados en las obras, en la renovación, en comprar una vivienda barata y rehacerla para poder venderla por el doble. La especulación es aspiracional y las modas son *mainstream*. Ahora todo el mundo quiere el dichoso *open concept* y la cocina lo más blanca posible, cuando hace unos años todos querían las cocinas de madera oscura y las encimeras de granito. Ya en algunas zonas de Estados Unidos hay quien se lamenta de que cada vez hay menos casas pintadas de colores porque en los programas de reformas salen mayoritariamente casas blancas de puerta y ventanas negras y se abusa de la combinación del blanco con el gris. Estados Unidos se uniformiza por culpa, en parte, de los programas de las casas. Y en España, a menor escala, veo que también nos contagiamos de lo mismo.

La última vez que vi un programa de casas en la tele busqué algo diferente y me encontré uno que se llamaba *Cómprame la casa,* y me horrorizó. Efectivamente, era algo diferente. En ese programa no te ayudaban a vender tu casa o a remodelarla. Eso era un *Shark Tank* inmobiliario.

Shark Tank, el «Tanque de Tiburones», es un programa de televisión famosísimo en Estados Unidos que nació a principios del siglo XXI en la cadena nacional ABC. Y, aunque es un puro símbolo del capitalismo más brutal, no es un invento estadounidense. En realidad, este programa tiene origen japonés. Solo cambiaron el título para hacerlo más apropiado, porque en Japón era «La guarida de los dragones». Esos «dragones» japoneses, o los «tiburones» en Estados Unidos, son media docena de inversores multimillonarios que, acomodados en sillones de piel, escuchan atentamente las ideas de negocio de gente que no tiene dinero suficiente para hacer posible su sueño empresarial y busca financiación. Ellos deciden si es una buena o mala idea de negocio y, en caso de parecerles rentable, lanzan una propuesta al emprendedor que suele suponer un mínimo riesgo para ellos y, en muchos casos, una humillación para el pequeño empresario.

El programa, cómo no, juega con lo lacrimógeno del lado personal de esos emprendedores. Son historias de madres solteras que intentan salir adelante, veteranos rehaciendo sus vidas, matrimonios lanzándose a la piscina juntos. Hay una verdadera veneración por los inversores jueces, a quienes se les llama *the tycoons* (los «magnates») y fanfarronean entre ellos durante el programa, creando una especie de club de amigos ricos que deciden el destino de los pobres miserables que se atreven a presentarse delante de ellos.

Cuando llegué a Estados Unidos, no tardé ni tres meses en oír hablar de este programa y solo oía valoraciones positivas. Al fin y al cabo, su audiencia rondaba los seis millones de espectadores con edades comprendidas entre los dieciocho y los cuarenta y nueve años. Se emitía los viernes por la noche. «Es una manera genial de conseguir hacer realidad tu negocio», «ya solo con salir ahí obtienes visibilidad»... Un viernes encendí la televisión en casa. Y cuando lo vi, me dejó muy mal cuerpo. Los inversores, que son personajes idolatrados por la sociedad por haber sido lo suficientemente inteligentes como para hacerse inmensamente ricos, se reían abiertamente de muchas de las ideas de los emprendedores. Les sacaban todos los defectos posibles. «Pero ¿cómo vas a hacer dinero con eso, si no sirve para nada? Esto no lo has pensado bien...» Y, al final, las pocas veces que no les decían directamente que no, les ofrecían una birria de dinero a cambio de prácticamente quedarse ellos con su compañía.

Pues bien, ese nuevo programa de casas con el que me topé era un *Shark Tank* en versión inmobiliaria. Mismo formato: cuatro magnates sentados en sus tronos con los dientes muy blancos y la *tablet* en las manos, dando audiencia a personas que aspiran a vender su casa.

En algunos casos eran matrimonios que se dedicaban a comprar tierra, construir y vender esas casas a modo de negocio. Y se las estaban vendiendo a ellos que, a su vez, iban a hacer también negocio revendiéndolas o, en la mayoría de los casos, convirtiéndolas en alquileres vacacionales.

También había algunos casos de familias que habían vivido en esa casa toda la vida, los hijos habían crecido, se habían marchado y ahora tenían demasiado espacio para ellos dos. Los magnates oían su historia, se recreaban en el lado sentimental y después les ofrecían cien mil dólares menos de lo que esa gente pedía, supongo que, a su vez, inflando sus precios. «Es un buen trato, no lo dejéis escapar», sugieren los inversores no interesados, animando a los plebeyos a aceptar las condiciones —siempre mucho peores que sus expectativas— impuestas por alguno de sus compañeros de Olimpo. La actitud, como de estar salvando la vida a esas personas que quieren vender su casa, en algunos casos para poder jubilarse y tener una vida mejor en algún otro lugar más barato mientras les están ofreciendo menos del mínimo que ellos te han marcado, a mí personalmente me resulta tan doloroso de ver como totalmente falso. «No, lo siento, no vamos a vender por menos de ochocientos mil...», contesta el dueño de una casa, dolido y firme, al ver que ninguno de los inversores está dispuesto a subir de setecientos cuarenta y cinco mil. Entonces, ya en el último momento, uno de ellos dice: «mira, me parecéis buenísima gente y os quiero ayudar, qué os parece si os doy setecientos sesenta mil y cerramos el trato... Es una oferta que no podéis dejar escapar». Y entonces el mismo señor serio dice, muy serio, que vale, que se la venden, y yo me quedo pensando que ese multimillonario que ha racaneado cuarenta mil dólares a ese matrimonio mayor, gana más de trescientos mil dólares al año y tiene una fortuna estimada en más de cuarenta y siete millones de dólares, según Google. Pero no, no podía subir ni un dólar más.

Si *Shark Tank* ya te deja la sensación de que solo con la ayuda de un milmillonario es posible salir adelante como pyme y explica por qué cada vez existen menos empresas familiares y medianas que no sean o bien destruidas o absorbidas por un negocio mayor, observar cómo los multimillonarios son, en este programa, quienes compran las viviendas unifamiliares para hacer negocio con ellas es descorazonador. Hubo un tiempo en el que esto no fue así en este país. Las familias vendían su casa a otras familias. Podías hacer obras, podías ganar con la inflación, pero no se esperaba que derribases por completo la propiedad y la convirtieras en un alquiler vacacional o un lugar para eventos en vez de una casa familiar.

Durante los años que viví en Miami, fui viendo cómo la ciudad entera iba expulsando a su clase media. He visto cómo se ha ido construyendo en toda la línea de playa de Sunny Isles Beach hasta el punto de que, a partir de media tarde, la sombra de los rascacielos construidos sobre la arena cubre totalmente la playa y la sombra no permite apurar los rayos del sol. Esas torres de apartamentos de lujo que se venden por varios millones de dólares han ido sustituyendo a edificios mucho más modestos donde antes era viable vivir sin necesidad de ser un oligarca ruso. Miami se ha ido quedando sin apartamentos de no-lujo y el barrio de Wynwood, por ejemplo, que hasta hace poco era un sitio un tanto inhóspito, lleno de naves industriales, parcelas vacías, algunas casas muy modestas y calles desiertas, se ha ido convirtiendo en el lugar de moda de la ciudad, donde crecen como setas torres de cristal cada vez más grandes con cientos de apartamentos cada vez más pequeños. Son estudios tipo *loft*, como si aquello fuera el SoHo de Nueva York, pero... sin serlo.

En el año 2017, la empresa Amazon estuvo durante más de un año deliberando acerca de dónde quería abrir sus nuevas oficinas centrales. Más de doscientas ciudades de Estados Unidos, México y también Toronto, en Canadá, se presentaron como las perfectas anfitrionas para estas nuevas oficinas. También Miami, en Florida. Se hablaba de que Wynwood sería el lugar perfecto. Y, como si Jeff Bezos fuera el padre de todos los *sharks,* las ciudades estadounidenses —Canadá dijo que no iba a entrar en ese juego— fueron subiendo la puja de atractivos de forma imparable, intentando ofrecer a Bezos la mayor cantidad posible. A cambio, Amazon daría trabajo a cincuenta mil personas en la localidad donde decidiera asentarse. Las ciudades le ofrecieron desorbitadas ventajas fiscales, su propio acceso y aparcamiento al aeropuerto de Atlanta, programas universitarios para los empleados en varios centros y muchas ventajas. Amazon, después de valorarlas todas, terminó decidiéndose por repartir las oficinas entre dos localizaciones: una en Long Island, Nueva York, y otra en Crystal City, Arlington, en el estado de Virginia. Sin embargo, en Nueva York se terminó echando para atrás el acuerdo original tras la crítica de muchos políticos demócratas, que vieron cómo ese acuerdo suponía que la ciudad diera miles de millones del presupuesto a Amazon en vez de destinar ese dinero a ayudar a sus propios ciudadanos. Quienes apoyaban el plan, los más neoliberales, calificaron la retirada de Amazon como una verdadera tragedia para la ciudad.

En Virginia, un estado más conservador, Amazon se encontró con mucha menos oposición y siguió adelante con sus negociaciones. Al fin y al cabo, se terminó prometiendo a la compañía un ahorro fiscal de quinientos setenta y tres millones de dólares, veintitrés millones de dólares en *cash* y otros incentivos de lo más jugosos. Casi cinco años más tarde, en junio del 2023, se inauguró por fin allí el primer edificio de oficinas. Solo la primera fase, en la que caben hasta catorce mil empleados. Pero no se ha contratado a catorce mil personas, claro. La cifra ronda los ocho mil. La promesa de que Amazon proporcionaría a la ciudad una riqueza inmensa a cambio de beneficiarse de todo tipo de subsidios es, por el momento, bastante decepcionante. Aún falta por hacer otro edificio de oficinas en una segunda fase, pero, por el momento, no tienen ni siquiera fecha prevista para ello.

Recuerdo que, en Miami, esta posibilidad de que Amazon eligiera la ciudad era algo que ilusionaba a muchos. Miami se quedó fuera de la final, pero entonces se prometió, como premio de consolación, que abrirían almacenes de distribución inmensos que también darían miles de trabajos a la ciudad. Pero Amazon es consciente de que le resulta prácticamente imposible retener a sus trabajadores durante mucho tiempo y de que va a llegar un momento en el que toda la fuerza laboral de Estados Unidos haya pasado ya por sus filas en algún momento de su vida. Y, aunque quien trabaja para ellos se quema rápido por las malas condiciones laborales y la presión, eso no les impide seguir creciendo. Su equipo de I+D trabaja frenéticamente para desarrollar nuevas vías en las que la mano de obra se reduzca y se multiplique la productividad. El primero de estos almacenes que abrieron en Miami, del tamaño de catorce estadios de fútbol americano juntos, dio trabajo solamente a mil quinientas personas. Y en diciembre del 2021 se abrió el segundo almacén, también gigantesco, con más de dieciocho mil metros cuadrados. Pero este segundo supuso solo sesenta empleos. El titular de las noticias locales lo decía todo: «Abren las nuevas instalaciones de Amazon, con más robots que trabajadores».

Y es que los *sharks* siempre ganan en el programa, siempre. En la pecera no hay sitio para los peces pequeños.

18

EL COLAPSO DE MIAMI

La noche del 24 de junio del año 2021, la torre de apartamentos de doce plantas Champlain Towers, en el barrio de Surfside, en Miami, se desplomó, con prácticamente todos sus vecinos durmiendo dentro.

Murieron casi cien personas aquella noche.

Fallos en la estructura del edificio fueron los culpables de que las columnas que lo sostenían se fueran abajo. Los expertos que aparecieron en los medios hablaron del derrumbe como un «colapso de tortitas», ya que los pisos de arriba aplastaron al resto como si de una montaña de tortitas del desayuno se tratara. El término me pareció, cuando menos, macabro.

Yo llevaba ya casi ocho años en Miami, la última mitad de ellos casada con Yankimarido. Había vivido en un total de seis pisos distintos, repartidos en varias zonas de la ciudad. Curiosamente, aquel sueño de vivir en Estados Unidos en una casita con jardín se esfumó cuando me di cuenta de que esas «casitas» suponían una cantidad infinita de quebraderos de cabeza. Suponían más trabajo: había que tapiar las ventanas en caso de huracán, había que mantener el jardín impoluto si no querías problemas con los vecinos o tener que pagar multas, había que poner una alarma si no querías que te entraran a robar, había que pagar un seguro de riesgo mayor y, sobre todo, había que lidiar con la exterminación de bichos de todo tipo. Desde termitas hasta iguanas o zarigüeyas. Todo son plagas. Y el tamaño de las cucarachas...

El primer día que tuve que matar yo sola, en casa, a una cucaracha enorme, de esas a las que no llaman «cucarachas», sino *palmetto bugs*, lo hice llorando.

—Era enorme, nene, no voy a poder volver a hacerlo. ¡Te juro que me vuelvo, que me vuelvo a España! O vienes pronto o me vuelvo —le dije a mi entonces marido, hipando.

—Pero ¿cómo te vas a dar por vencida por una cucaracha? ¿Estás imbécil o qué te pasa?

Estaba imbécil, sí. Hay miles de razones para volverse, pero no son las cucarachas. Ni siquiera las que vuelan. Pero sí que son una razón de peso para no comprarme una casa. Solo viendo la cantidad de empresas exterminadoras que existen, ya puedes hacerte una idea de la fauna que nos rodea. Tampoco soy inmune a las noticias locales: he visto desde pitones en el inodoro hasta caimanes en el porche. Por estos motivos, nunca me planteé siquiera alquilar una casa en vez de un piso y tampoco se me pasó por la cabeza la idea de comprarme un piso en vez de alquilarlo: en los edificios en los que podíamos alquilar, la tasa de la HOA, la *Homeowners Association*, lo que viene a ser la comunidad de vecinos, era superior a ochocientos dólares al mes en la mayoría de los casos. En algunas torres, esos gastos podían ascender incluso a más de mil quinientos dólares al mes por un piso de dos dormitorios. Alquilando, al menos ese gasto nos lo ahorrábamos, aunque, obviamente, estaba incluido en el alquiler, que subía, cada año, como mínimo cien dólares al mes.

Pero, además de ser prohibitivamente caras, las comunidades de vecinos, por lo que he podido comprobar desde mi punto de vista de inquilina, eran un infierno con el que yo no quería lidiar. Siempre había jaleos, siempre había morosos, siempre había cosas que no se podían arreglar y derramas infernales. Eran las mismas peleas que había visto en España, pero era todo más complejo y las cifras a pagar tenían más ceros. Las comunidades de vecinos eran gestionadas por empresas que, a su vez, contrataban a otras empresas. Y, la mayoría de las veces, los edificios tenían tantos vecinos que se elegía por votación a un comité representativo para que votara en nombre de todos los demás. He visto en los edificios en los que he vivido verdaderas campañas políticas, propaganda en mi buzón animando a los propietarios a votar por un candidato en concreto, con acusaciones de malversación de fondos a los otros candidatos incluidas.

Eso en los «condos», en los condominios. Es decir, en los edificios en los que cada apartamento tiene su propietario particular. También hay otros edificios que, directamente, son propiedad de una empresa y están gestionados por ella, ofreciendo solo alquileres sin posibilidad de poder comprar.

Cuando, aquella noche de junio, el condominio de las torres Champlain se hundió, nosotros vivíamos en otra torre enorme de apartamentos, con pisos para casi cuatrocientos vecinos, unos 12 kilómetros más al norte. Nos habíamos mudado allí precisamente buscando más seguridad.

En la torre de apartamentos en la que vivimos los dos primeros años de casados, el edificio era más manejable, solo lo habitaban un centenar de vecinos. La gran mayoría de ellos eran ancianos, además, ya que la comunidad fue, durante más de una década, solo para mayores de cincuenta y cinco años, y no empezaron a permitir que vivieran allí niños hasta solo unos años antes de llegar nosotros. De hecho, solo recuerdo dos niños que vivieran en aquel edificio, hermanos, uno de ellos con autismo. Ellos eran la razón por la que el autobús escolar paraba en el portal cada mañana y los dos únicos niños que, a veces, bajaban a la piscina.

A mí me encantaba esa casa porque allí vivía, en nuestra misma planta, pared con pared con nuestro piso, nuestra vecina Carmen.

19

CARMEN

El día que Carmen me vio por primera vez abrir la puerta de mi casa, el apartamento que hasta entonces había sido solo de Yankimarido, se llevó una alegría.

—Uy, ¿tú eres española?

—¡Sí! ¿Usted también?

—De Madrid, de Bravo Murillo. ¡Y ni se te ocurra llamarme de usted!

Carmen tenía unos ochenta años y con solo veintitrés había decidido irse a Miami a estudiar inglés para ser azafata de vuelo. «Ni estudié inglés ni me hice azafata, pero tampoco volví ya», se partía de la risa ella sola. «Al final, ¡terminé trabajando durante más de cuarenta años en una imprenta!»

Carmen vivía sola, nunca se casó ni tuvo hijos. Dedicó su vida a esa empresa que la contrató, aunque solo chapurreara inglés. Ella terminó considerando a los dueños de aquel negocio como su propia familia. En su casa había fotos de las bodas de todas las hijas de los dueños de aquella imprenta y varias tarjetas enviadas por Navidad o por su cumpleaños. Al parecer, siempre la trataron muy bien. Fueron ellos, de hecho, quienes le aconsejaron que comprase aquel piso en su día. «Lo acababan de construir y me dijeron: no seas tonta, Carmen, métete aquí, que está a buen precio, lo vas pagando poco a poco y ni lo notas.» También gracias a ellos liquidó la hipoteca cuando los intereses subieron. «Paga lo que te queda, Carmen, que no te interesa alargarlo más.» Además, me contaba que les estaba muy agradecida porque ellos se preocuparon de que le quedara una buena pensión y no pasara penurias una vez que la imprenta cerró. Fue la llegada inevitable del mundo digital lo que obligó a Carmen a jubilarse.

Su casa, un pequeño piso de un dormitorio con vistas a la bahía Biscayne, era una especie de museo español, aunque Carmen, desde los años ochenta, había regresado en muy contadas ocasiones a España. Tenía cuadros de la catedral de la Almudena, del acueducto de Segovia, de la Puerta del Sol y una acuarela sobre la cama de una playa asturiana. En la cocina, un calendario de los sanfermines. En cada rincón, un recuerdo patrio. Un plato de cerámica de Talavera colgado en la pared, un trapito de ganchillo en la mesita, unas muñecas flamencas en la estantería.

—¿Y todas estas cosas de España, Carmen?

—Algunas me las traen mis sobrinos, cuando vienen a visitarme.

En los dos años que viví allí, al menos, nunca vi a sus sobrinos. Pero Carmen no estaba sola, tenía muchos amigos y andaba metida en mil cosas. Raro era el día que no quedaba con alguien, se vestía, se peinaba, se pintaba los labios de rosa y salía por la puerta. No conducía, nunca lo había hecho, pero la llevaban y la traían siempre a todos los sitios. Por mi parte, yo comencé a hacer tortilla de patata a menudo y arroz con pollo todos los domingos, y siempre hacía un táper para ella. A pesar de no ser yo una gran cocinera, a ella le sabía todo a gloria bendita y me invitaba a pasar, metía el táper en la nevera y charlábamos un rato en su salón, mientras ella ponía en silencio la tele, siempre sintonizada con el canal de Televisión Española Internacional. Jamás veía la televisión en inglés, aunque lo hablaba bastante bien.

A mí me encantaba ser vecina de Carmen, me recordaba bastante a mi abuela y a la estrecha relación que ella tenía con sus vecinas. El nivel de nostalgia por España que acumulaba esta señora era infinito y, a su vez, no se planteaba siquiera la posibilidad de volver a Madrid. «¿Y qué hago yo allí, si ya ni siquiera vive mi hermana?» Yo la veía como quien se asoma a un estanque y ve en el agua su reflejo distorsionado. ¿Pensaré yo eso mismo en un futuro, que qué hago yo en España ya? ¿Quizá Carmen en alguna época también quiso volver, pero, por lo que sea, se pasó el momento, lo vio difícil y ahora ya lo ve imposible? ¿O simplemente vio que tenía su vida hecha aquí y no allí, a pesar de no haberse casado ni haber tenido hijos? Nunca me lo contó. Siempre me repetía las mismas anécdotas divertidas de su juventud y yo nunca quise desviar la conversación hacia nada más profundo, porque cuando me contaba que su hermana ya no vivía se le apagaba la mirada y me daba una pena brutal.

Carmen, cuando el huracán Irma se acercaba amenazante, fue una de las vecinas que, como nosotros, se negó a desalojar el edificio, a pesar de estar en zona de evacuación, e irse a un refugio temporal. Vivimos aquel huracán en grupo, saliendo al descansillo todos cada vez que había alertas por tornado que nos obligaban a resguardarnos en el interior, y cuando la cosa se puso más fea y empezó a entrar el agua por las ventanas durante la noche, la pobre mujer tuvo que achicar toda el agua que se metió en su salón. Teníamos las mismas ventanas oxidadas y, aunque a ella no se le rompió ninguna, como nos ocurrió a nosotros, que tuvimos que andar haciendo turnos para sujetarla y que no salieran nuestras cosas volando, el agua se coló por todos los resquicios. No era el primer huracán para ella y lo vivió sin mucho drama, con total resignación. A la mañana siguiente, las dos, cada una en su terraza, una enfrente de la otra, colgábamos al sol todas las toallas empapadas. Vi que no tenía pinzas y estaba intentando hacer nudos para sujetarlas a las barras de la barandilla. Yo no tenía tendedero tampoco, y de milagro tenía algunas pinzas de la ropa, las pocas que traje conmigo en mi mudanza de España. La verdad es que apenas las había utilizado nunca porque, en Miami, con la humedad que hay en el exterior, es absurdo tender la ropa fuera, no se ponen cuerdas y se usa la secadora para todo. Pero, tras el huracán, aún sin electricidad en el edificio y habiendo usado todas las toallas y trapos que teníamos por casa para evitar que el agua del suelo llegara a estropearnos los muebles, no quedaba otra que escurrirlas y secarlas ahora al sol. Cogí un puñado de pinzas de mi bolsa y llamé a su puerta: «Toma, Carmen, para que no se te vuelen las toallas». Su casa, como la mía, estaba aún toda revuelta y olía a humedad. Yo estaba destrozada y con el susto en el cuerpo todavía, pero ella, como siempre, fue tan optimista: «Ay, ¡qué bien, así se secarán en seguida! Y qué bien que esta vez podamos salir a la terraza para colgarlas.... Cuando pasó por aquí el huracán Wilma, hace unos años, el viento arrancó de cuajo el hierro... ¡y las barandillas desaparecieron! ¡Esta vez, mi niña, no ha sido nada!».

Nosotros terminamos yéndonos de aquel edificio, buscando otra casa de alquiler más segura que aquella, con mejores ventanas. Y por eso terminamos viviendo mucho más al norte, en aquellas torres inmensas a doce kilómetros de las Champlain, donde los ventanales estaban protegidos por unos *shutters*, unas puertas de aluminio que podían desplegarse, cubriendo el cristal, en caso de que llegara otro huracán.

Carmen, por su parte, puso cristales antihuracanes en la suya, una opción mucho mejor, aunque infinitamente más cara. Creo recordar que me dijo que pagó ocho mil dólares por tres ventanas nuevas.

Nunca le pedí su número de teléfono y la mañana que nos mudamos ella no estaba en casa. Ahí le perdí la pista. Pero un día, pasado casi un año, volví al edificio y la busqué. «¡Hola, Carmen! ¿Te acuerdas de mí? ¿Te acuerdas de que fui tu vecina española?»

Pero no. Carmen ya no se acordaba.

Aquel derrumbe de las torres Champlain abrió otra grieta más en mi relación con Miami. La tragedia fue espantosa y, lo que es peor, previsible. Solo habían pasado tres años desde que el puente peatonal de la Universidad de Miami se derrumbara, matando a seis personas, y entonces también se habló de la extrema negligencia de los responsables y de cómo el dinero había primado frente a la seguridad.

El colapso de las torres Champlain en el barrio costero de Surfside respondía a muchas cosas que llevan mucho tiempo haciéndose mal. Miami es una ciudad que se hunde, que cada vez se inunda más. En Miami Beach no se puede caminar por la calle tras una tormenta, aquello comienza a ser una mala versión de una futura Venecia *art déco*. No hay alcantarillado que aguante la cantidad de agua que cae en cuestión de diez minutos durante la temporada de lluvias, y es mucho más habitual de lo que debería el quedarse atascado con el coche en un charco o tener que hacer arreglos en casa por goteras, moho o inundación.

En el caso de las torres Champlain, las viviendas, encima, estaban en la playa. Sin una buena ley de protección de costas, la construcción en el mar de Miami se lleva desarrollando, desde hace muchas décadas, sin ton ni son. Miami se erosiona. La cal y el óxido lo corroen todo. En mi edificio, que no estaba ni siquiera en el mar, pero sí al lado de uno de los canales artificiales de la bahía, una noche, durante una tormenta, parte del aparcamiento que rodeaba nuestra torre desapareció, provocando que los coches cayeran al agua y dejando un gran socavón.

Aquello fue meses antes de la tragedia de las Torres Champlain y, afortunadamente, en nuestro caso no hubo heridos. De hecho, la comunidad de vecinos, incapaz de llegar a un consenso para arreglarlo, decidió dejar el socavón como estaba. Solamente se prohibió el aparcamiento en los alrededores del derrumbamiento y no se precintó siquiera el área.

Pero el derrumbe de aquel edificio residencial trajo el horror y tiró de la manta de la corrupción. En Miami, en principio, los edificios tienen que pasar una exhaustiva revisión al cumplir cuarenta años, edad que tanto la torre en la que vivíamos nosotros como las Champlain acababan de cumplir. Ambos edificios se suponía que estaban pasando por los «retoques» necesarios para conseguir el sello de aprobación. Pero, claramente, los arreglos e inspecciones que se realizaban no eran los suficientes. Los vecinos de las torres Champlain pagaron por esas negligencias de la manera más terrorífica posible.

El colapso de la torre de viviendas era la evidencia del riesgo en el que estaban muchos más edificios y, a la vez que se efectuaba la búsqueda de los cuerpos enterrados en la arena, también se inició una investigación que culminaría en todo un proceso legal.

El refrán aquel de «cuando veas las barbas de tu vecino cortar, pon las tuyas a remojar» cobró vida en mi comunidad de vecinos. De pronto se vio la necesidad de dejar de hacer todos los insignificantes arreglos que estaban llevando a cabo para esa inspección de los cuarenta años —capas de pintura aquí y allá— para pasar a hacer obras mucho más profundas. Ya no solo era un lavadito de cara, eran unas reparaciones de verdad.

El aparcamiento semiderrumbado se valló de arriba abajo para no permitir el acceso al área peligrosa y comenzó a llegar maquinaria para arreglarlo. También vaciaron la piscina y la clausuraron. Cambiaron las máquinas del aire acondicionado del tejado. Por fin se tomaron en serio nuestro grave problema de humedades en los pisos y empezaron a mandar a expertos a mirarlo. Y, sobre todo, inspeccionaron la estructura del edificio y se dieron cuenta de que había muchas terrazas que necesitaban ser reforzadas.

Hacia finales del verano, el edificio tenía en marcha un plan de acción que ríete tú de las obras de la Sagrada Familia. Y todo lo que antes no había sido necesario, ahora, tras ver lo que había ocurrido en las torres Champlain, era de máxima prioridad.

«Perdonad, voy a poner mi micrófono en silencio, que están de obras en mi edificio y hay ruido...» Esta fue la frase que comencé a decir todos los santos días laborables a mis compañeros de oficina. Tras más de un año de trabajo en remoto por la pandemia, estaba más que acostumbrada a las reuniones desde casa. Y también encantada por ello, todo sea dicho. Pero las nuevas obras en el edificio, que comenzaban cada día a las siete de la mañana y no paraban hasta el sábado a mediodía, convertían la placentera experiencia de no tener que ir a la oficina en un dolor de cabeza de lo más literal.

Hasta mi pobre Pancho, un perro más bueno que el pan, comenzó a protestar y a ladrarnos, cosa que nunca había hecho antes. En cuanto los obreros empezaban a subir y bajar por los andamios de la fachada y a hacer ruido con el taladro a primera hora de la mañana, el perro, molesto, giraba la cabeza hacia mí y me ladraba algo que yo interpreté como un «¡¿Pero es que no piensas hacer nada?!».

Cuando los obreros recogían sus bártulos el sábado a mediodía, nosotros aprovechábamos para grabar a destajo todos nuestros vídeos y pódcast. Y los domingos por la mañana madrugaba solamente para tumbarme en el sofá a escribir, con Pancho a mis pies, y disfrutar, de forma consciente, del silencio total.

Fue un domingo de finales de otoño cuando tomamos la decisión de salir de allí. Y si nos íbamos, nos íbamos de verdad. No solo abandonaríamos aquel piso, nos iríamos de Miami también. Los precios habían subido tanto en los dos últimos años que no existía la posibilidad de irnos a otro lugar igual sin tener que pagar casi un cincuenta por ciento más de lo que estábamos pagando. Y, aunque mi marido es de Miami y aún tenemos familia allí, no le teníamos demasiado cariño a la ciudad.

Volver a España sin tener trabajo no era una opción, así que pensamos en mudarnos a algún otro sitio, dentro de Estados Unidos, desde donde mi empresa me dejara trabajar.

Abrimos Google Maps y fuimos valorando opciones. ¿Tampa, en el centro de Florida? *Nah*, allí es más de lo mismo. ¿Otros lugares de Florida? No, demasiado aburrido. ¿Denver? Precioso, y allí también tenemos familia... Pero está muy lejos y vivir allí no es nada barato tampoco. ¿Atlanta? La ciudad no me apasiona y el tráfico tiene aún peor fama que el de Miami...

—¿Y Chattanooga? —dijo Yankimarido—. Es la ciudad con mejor internet del país, o eso he leído por algún sitio...

—Chatta... ¿qué?

—Aquí, Chattanooga. Está en la frontera de Tennessee con Georgia. Al lado de Chickamauga. Está solo a dos horas de Atlanta y también a dos de Nashville....

A mí me dio un ataque de risa con el nombre. No podía sonar más remoto y absurdo.

—Y queda a once horas de carretera de aquí...

Sí, eso es «no muy lejos» en Estados Unidos.

—Yo tengo la semana de Navidades libre. ¿Aprovechamos y nos vamos para allá a verlo?

20

CON LA IGLESIA HEMOS TOPADO

Dicho y hecho. Hicimos nuestras maletas y nos fuimos los tres, perro incluido, en dirección norte, de viaje de exploración. Norte es la única dirección que puedes tomar desde Miami, a no ser que vayas hacia los cayos. Unas ocho horas se tarda en cruzar la frontera del estado y mucho más aún si lo que quieres ver es alguna montaña. El paisaje es siempre muy parecido: una carretera en línea recta, en zona llana, con árboles a los lados y vallas publicitarias con mensajes que, cuanto más subes, más religiosos son. Fotografías de bebés sonrientes con mensajes como «18 días después de ser concebidos, ¡ya laten nuestros corazones! ¿Embarazada? Llama al 800-898-LOVE». Otra valla muestra un feto y este texto: «No es una opción. ES UN NIÑO. Encuentra ayuda. www. encuentraayuda.com.» Otra muestra la foto de una mujer: «¿Embarazada y sola? ¡Tienes opciones!». Las carreteras de Florida están plagadas de estos mensajes antiabortistas. Al llegar al llamado *Bible belt*, el «cinturón bíblico» de Estados Unidos, es decir, los estados en los que la religión desempeña un papel fundamental en sus costumbres, política y estilo de vida, las vallas dejan de enfocarse en el aborto para, directamente, aterrorizar al personal. «¿Qué pasa si mueres esta noche?», pregunta una de ellas. En el extremo derecho del cartel, se ven unas llamas y la palabra «*hell*» (infierno), palabra que muchos, por superstición, ni siquiera pronuncian en voz alta. Al lado izquierdo del diseño, un cielo azul con nubes y la palabra «*heaven*». En el centro, un número de teléfono: «llama al 855-PARA LA VERDAD».

Hay decenas de variaciones de esta valla, a veces dispuestas de tal manera que gotean a tu paso por la carretera, con distintos mensajes, pero todos ellos insistiendo en que, como no te redimas a Dios, vas de cabeza a las llamas.

La organización evangélica que hay detrás de esta publicidad dice que contestan a más de treinta mil llamadas al año. Y, obviamente, promueven las donaciones porque, gracias a estos carteles, afirman, miles de estadounidenses consiguen encontrar a Dios.

Y es que es imposible no encontrar a Dios en Estados Unidos. Quieras o no quieras, te topas con la religión por todas partes desde el mismo instante en que llegas a este país. Desde el momento en el que tocas el primer billete de veinte dólares y lees eso de «*In God We Trust*» (en Dios confiamos).

Yo, que pensaba que la religión era omnipresente en España, con todas sus iglesias, las catedrales, los monasterios, los arzobispados, las monjas y curas vestidos de hábito, los festivos religiosos —la Inmaculada Concepción, la Asunción, San José, Todos los Santos, San Isidro, Sant Jordi...—, las misas televisadas, las procesiones de Semana Santa, el Camino de Santiago, la cabalgata de Reyes y un largo etcétera. Hasta muchas de nuestras expresiones —¡la Virgen!, ¡por Dios!, ¡hasta mañana si Dios quiere!— están relacionadas con la religión. Habiéndome criado en un país donde la religión católica es la mayoritaria y habiendo ido durante muchos años a un colegio de monjas, yo pensé que España era un país mucho más religioso que Estados Unidos. O, mejor dicho, un país en el que se imponía mucho más la religión a su gente.

Y en esto también he cambiado de opinión.

Estados Unidos se jacta de dar libertad a sus ciudadanos y la libertad de culto es una de las más importantes. Pero los primeros que aparecieron por estas tierras con ánimo de quedarse para siempre fueron los puritanos: unos peregrinos que huyeron de Inglaterra, donde eran perseguidos por ser demasiado radicales en su religión. Y de puritanismo aún van sobrados.

Al igual que Estados Unidos no lo forman cincuenta estados que estén unidos, sino que se unieron para vencer a un enemigo común (el Imperio británico), la religión de Estados Unidos no es tan libre como parece, es solo que los habitantes de estas tierras venían de culturas muy diferentes y se vieron obligados a entenderse y a legislar para que ninguna se impusiera.

Así que, efectivamente, el catolicismo no se forzó en Estados Unidos como sí ocurrió a lo largo de la historia de España. En Estados Unidos hay una pluralidad religiosa increíble y un respeto generalizado hacia la religión de los demás. Pero, de una manera mucho más velada, en Estados Unidos también se impuso el protestantismo sobre las demás. El protestantismo aglutina la gran mayoría de las religiones que se profesan en este país: baptistas, pentecostales, metodistas, episcopalianos, adventistas, luteranos, evangélicos y muchas más. Del protestantismo nace la «cultura del trabajo protestante» (Protestant Work Ethic), que difundió un mensaje que llega hasta nuestros días porque marida a la perfección con el capitalismo: si trabajas duro, serás recompensado. De hecho, la frase fue acuñada en *La ética protestante y el espíritu del capitalismo*, el libro que Max Weber escribió en 1905 donde afirmaba que una cosa llevaba a la otra.

Yo no sé si la ética del trabajo protestante creó o no el capitalismo, pero lo que está claro es que esa filosofía de que el trabajo dignifica y siempre se recompensa ha sido un arma muy útil en la explotación laboral.

Es el *work hard, play hard* o, lo que es lo mismo, si lo das todo en el trabajo, te mereces el máximo disfrute posterior. Los primeros protestantes presumían de estar levantando el país gracias al sudor de su frente, y ese esfuerzo se vio recompensado, según ellos, por la gracia de Dios.

Comprender la ética del trabajo protestante me ha servido muchísimo para entender cómo es posible que existan tantas estafas relacionadas con la religión a plena luz del día. Que existan tantos predicadores multimillonarios, la mayoría de ellos evangélicos, que presuman de mansión o de poder mantener un estilo de vida de verdadero lujo gracias a lo que ganan con su iglesia, y que la gente les siga queriendo dar más dinero. Kenneth Max Copeland es el mayor representante de esta industria, ya que es el telepredicador más rico de Estados Unidos en la actualidad. Su fortuna se estima en unos setecientos sesenta millones de dólares. Se compró una mansión de siete millones de dólares y la declaró como «casa parroquial» para no pagar impuestos. Y este hombre no es el único, hay más de una docena de predicadores multimillonarios que viven de vender la palabra del Señor y que no se esconden lo más mínimo a la hora de disfrutar de su riqueza.

Yo siempre pienso que esto sería imposible en España. Que, en el momento en el que fuera evidente que el párroco se hace de oro, dejaría la gente de echar dinero al cestillo los domingos. Pero aquí esto no funciona igual. Para empezar, esos líderes religiosos se han hecho ricos precisamente por hacer algo llamado *prosperity gospel*, es decir, evangelización de la prosperidad. Estas personas no se limitan a leer e interpretar la Biblia, y mucho menos se centran en la humildad y la modestia como virtudes. Los telepredicadores del *prosperity gospel* lo que hacen es vender una promesa de futuro: si trabajas mucho, rezas y, sobre todo, das dinero a tu iglesia, Dios te lo devolverá con creces. Dios quiere que seas rico y, si te portas bien, lo serás. Por eso, ellos mismos son ricos ya, porque Dios los ha bendecido. Y si tú no lo eres aún, es que no te estás portando lo suficientemente bien. Dona más.

Obviamente, no todo el mundo se cree esta farsa del *prosperity gospel*, pero los telepredicadores llegan a millones de personas en Estados Unidos a través de sus megaiglesias. La del telepredicador Joel Osteen, por ejemplo, tiene capacidad para dieciséis mil ochocientas personas. Y también llegan a la gente a través de los medios de comunicación: John Osteen, el padre de Joel, estuvo predicando en la televisión nacional e internacional durante dieciséis años.

Al final, ya sea por la influencia de los predicadores, por herencia histórica o por la constante matraca en los medios de comunicación para que el engranaje del capitalismo no decaiga, la ética del trabajo protestante es, probablemente, uno de los pilares más profundos y estables de la sociedad estadounidense. Tanto, que existe la creencia generalizada de que si Estados Unidos es la primera potencia mundial, es porque Dios está de su parte gracias a que el país está lleno de gente muy trabajadora. Se venera a los multimillonarios —ya lo hemos visto en *Shark Tank*— y aún más a los milmillonarios, porque algo bien habrán hecho para tener tantísimo dinero. Porque, en resumen, en Estados Unidos se asocia la riqueza con el bien y la pobreza con el mal, en general.

Podemos decir que Estados Unidos es un país plural en cuanto a religiones, pero el protestantismo domina la escena. No es cierto que se respeten todos los credos por igual, y, si no, que se lo digan a los musulmanes. El catolicismo hoy se acepta (el presidente Joe Biden es católico), aunque se sigue viendo como una religión un tanto sectaria con muy mala fama por los múltiples casos de abusos a menores, y se veía con ojos muy sospechosos en tiempos de John F. Kennedy, ya que se temía que el primer presidente católico de la historia del país fuera a ser más fiel al papa que a su propia patria.

La religión en Estados Unidos es flexible como un chicle, no hace falta ser eternamente fiel a ninguna denominación. Puedes ser durante una etapa de tu vida luterana y después terminar siendo metodista o incluso unirte a una iglesia de las que son *non-denominational*, que no se definen con ninguna denominación oficial. Hay iglesias *LGBTQ-friendly* y otras de un machismo radical. En las religiones protestantes no hace falta confesarse para participar, ni ser célibes para dirigir una iglesia, pero exigen un nivel de compromiso. Se trata de un compromiso económico y un compromiso social, ya que estás formando una red de apoyo que, muchas veces, vendrá a sustituir a otros servicios públicos que escasean o, directamente, no existen. Tu iglesia se encarga de mantener ocupados a tus hijos durante las vacaciones de verano, si no puedes mandarlos de campamento. También puede ayudarte a pagar un tratamiento de quimioterapia tuyo o de un familiar. Los feligreses te llevarán comida a casa si has perdido a un ser querido y harán un fondo para pagar los gastos del funeral. La religión cumple un papel vital para la vida de millones de estadounidenses. De hecho, no es nada raro tener varias iglesias. Me comentaba una antigua compañera de mi oficina de Miami que ella acude a dos. A una iglesia va con su familia, allí se reúne con sus padres y hermanos a pesar de no vivir ya todos en la misma casa. Y, por otro lado, va a otra iglesia con gente más joven en la que se enfoca en socializar: es la iglesia de hacer amigos, contactos profesionales y también la de encontrar pareja. La iglesia, o las iglesias, son mucho más que la religión. Son comunidad.

Cuando vinimos a Chattanooga y decidimos mudarnos definitivamente desde Miami a esta ciudad del sur de Tennessee, nos adentramos en este nuevo mundo en el que la religión es, probablemente, lo más importante de la vida de muchos de sus habitantes. Otra amiga de Miami que, casualmente, tiene familiares que viven aquí, me dijo que si necesitaba ayuda a la hora de asentarme, contara con ella. «Ellos pueden introducirte en su iglesia, si te apetece...»

Llevamos año y medio viviendo en Chattanooga y aún no me ha apetecido. Pero sí le veo grandes ventajas a tener un apoyo así, la verdad. Otro español, un gallego al que conocí cuando nos apuntamos al gimnasio en el centro de Chattanooga, me dijo que él utilizaba la iglesia para conocer a gente y para practicar inglés. Iba varios días a la semana, unas siete u ocho horas semanales, y eso que él cuando vivía en España era de los que iban a misa exclusivamente a las bodas. Se inició porque, a través de la aplicación del teléfono del gimnasio, se anuncia una cafetería cercana con la publicidad de que te daban café gratis. Él no sabía que aquello era una iglesia y no una cafetería y fue por ahorrarse unos dólares, pero, en realidad, ese lugar es una especie de híbrido entre las dos cosas. El café es el reclamo que incluso anuncian en su página web. Textualmente: «Siguiendo a Jesucristo en Chattanooga. Culto sin ataduras. Enseñanzas sencillas. Charlas en comunidad. Café gratis».

Él solo fue a tomar café, pero allí conoció a unas cuantas veinteañeras rubias que también veía en la clase de *body pump* e intentó ligar con todas. Después de la clase, se iban juntos a la cafetería-iglesia a estudiar la Biblia durante un par de horas. «Si es que no tengo nada mejor que hacer, Belén, es eso o irme para casa», me decía, riéndose, con su acento gallego.

Él, de la cofradía del puño *cerrao*, nunca dio un duro a esa iglesia, pero en la página web te animan a donar o, como ellos lo llaman, «a colaborar con Jesucristo» a través de Venmo, Paypal, cheques o efectivo. Y a través de aquel español convertido al cristianismo cafetero me enteré de que incluso ofrecen servicios de intercesión a un módico precio. Es decir, puedes pagar para que otros recen por ti y por tus dramas. Él tuvo problemas con la renovación de su visado a través de su empresa y la cafetería-iglesia le apoyó con «oración intercesora de cortesía». Es decir, que tres personas en nómina rezaron en su nombre para que la burocracia se agilizara lo más posible. Pero aquello no funcionó, sus papeles nunca llegaron a tiempo y él terminó teniendo que marcharse de la iglesia, porque le tocó abandonar el país y ser transferido a otra fábrica en Canadá para evitar convertirse en un inmigrante ilegal.

A mí, el hecho de que él utilizara ese lugar como forma de conocer a gente joven en esta ciudad me parece fenomenal. No es nada fácil hacer amigos estadounidenses. Yo, desde que vivimos en Chattanooga, al trabajar en remoto y no socializar en el gimnasio con la gente de esa iglesia, no he conseguido aún hacer aún grandes amistades locales. Sé que pasar por el aro y unirse a una iglesia es una alternativa válida, pero no termino de verla apropiada para mí. Porque, aunque esas chicas parecen buena gente, cuando leo en la página web de ese grupo que la «iglesia-cafetería buenrollera para gente joven» se presenta como una organización que cree que Dios diseñó el matrimonio y las relaciones para que fueran entre un hombre y una mujer, por ejemplo, se me cae el alma a los pies.

Pero eso también es típico de vivir en Estados Unidos, sobre todo en el Sur, y aquí estamos. En general, el nivel de religiosidad que veo a mi alrededor es infinitamente superior al que se respira en la España de la actualidad. Para empezar, el gimnasio al que acudo (el más grande del centro de la ciudad) es de la YMCA, que no deja de ser una organización cristiana. No es nada infrecuente encontrarse con personas que se saben de memoria algunos versículos de la Biblia. Es tan habitual ver salmos escritos en ropa, en pegatinas de los coches y hasta en tatuajes que, en cuestión de año y medio viviendo aquí, me he familiarizado ya con un par.

El más «famoso» sería el de Juan 3:16. Se ven pegatinas de este versículo por todas partes. A veces con el texto en sí —es el que dice que «tanto ama Dios al mundo que dio a su único hijo para que todo el que crea en Él tenga una vida eterna»—, pero normalmente el cartel, camiseta, tatuaje o pegatina solo dice «John 3:16». La idea es poner solo el nombre del libro, capítulo y versículo porque, si te sabes la Biblia al dedillo, ya sabes lo que dice. Y si no, mejor aún, porque así lo googleas.

En el año 2009, el que era *quarterback* del equipo de fútbol americano Florida Gators se lo puso en la cara, escrito en las dos rayas negras debajo de sus pómulos. A un lado puso «John» y al otro, «3:16». Durante el partido, noventa y cuatro millones de personas lo teclearon en internet para buscar su significado.

Te puedes encontrar con «John 3:16» y algunos otros versículos populares en los lugares más peregrinos, y no solamente en este Sur ultrarreligioso en el que vivimos, por el momento. Por ejemplo, la cadena de hamburgueserías más famosa de California, In-N-Out, coloca estos mensajes cristianos en código disimuladamente en todos sus vasos y envoltorios.

La religión está presente en todo momento, en todo lugar. Incluso la gente que decide no participar activamente en ninguna iglesia siempre suele declararse «no religiosa, pero sí espiritual». Es decir, religiosa, pero no practicante. Para ellos, lo importante es que creas en algo superior, da igual lo que sea, y hay una verdadera aversión hacia el ateísmo, a la negación de la existencia divina. George Bush padre llegó incluso a decir que no creía que los ateos debieran ser considerados ciudadanos americanos, ya que Estados Unidos «es una nación bajo la mano de Dios».

En la cumbre de la pirámide de características imperdonables en un posible presidente de Estados Unidos —como formar parte de la comunidad LGTBQ o ser musulmán— está, sin lugar a dudas, el definirse como ateo. Los candidatos, tengan o no fe, saben que esto mueve pasiones, así que todos ellos se preocupan muy mucho de dar a entender al público que son fervientes creyentes y que van regularmente a alguna iglesia o tienen el asesoramiento constante de algún pastor.

El ateísmo, según la sociedad estadounidense, es un problema, un resquebrajamiento sociológico, no una decisión personal sin más. Consideran el no tener creencias religiosas como una falta de humanidad, de objetivos en la vida y de compasión por los demás. La religión se considera sinónimo de valores e incluso se identifica como una herramienta clave para la salud mental, ya que, por ejemplo, en el ejército pasas a ser peor soldado si no eres creyente y, además, se da por hecho que puedes considerar la opción del suicidio más seriamente que quien sí tiene fe. Todo esto me hace pensar que hay mucha confusión y la falta de fe es uno de los mayores tabúes en esta sociedad donde, de boquilla, tienes la mayor libertad de credo, pero, en la práctica, pueden no contratarte en un trabajo, no querer tu amistad y considerarte peor persona por haberte atrevido a decir en voz alta que no estás seguro de que haya un Dios.

Esta es una de esas lecciones que yo he aprendido a las malas y, mientras que en España y a mi llegada en Miami no tenía ningún problema en hablar con otras personas —religiosas o no— acerca de mi falta de creencias, ahora, pasados diez años y tras muchas malas experiencias en torno a ese tema, me declaro «culturalmente católica» si me preguntan directamente, ya que contestar «no creo mucho, la verdad» puede tener consecuencias inesperadas.

La religión se entrelaza con la vida y aquí te pueden dirigir expresiones como que tengas «un bendito día». La palabra *blessed*, «bendito» en inglés, se utiliza como sinónimo de afortunado, así que, si quieres decir que algo muy bueno te ha ocurrido o que te sientes afortunada, dices que *you are blessed*.

En política, esta invasión religiosa tiene consecuencias devastadoras. Desde que, en los años cincuenta, la palabra «fe» pasó a ser sinónimo de «democracia», Estados Unidos se protegió del comunismo soviético volviéndose cada vez más fundamentalista. Hoy en día, a pesar de que la mayoría de la población apoya la separación entre iglesia y Estado, la religión lidera muchos más debates políticos de los que debería: el derecho al aborto, la educación en las escuelas públicas, los libros admitidos y disponibles (o no) en las bibliotecas, etc. Las subvenciones públicas se destinan a organizaciones religiosas, en muchos casos, y los fondos para «ayuda a las familias» pueden terminar convirtiéndose en presupuesto disponible para que algunas iglesias den charlas en los institutos acerca de la importancia de la castidad hasta el matrimonio o sobre los peligros de la homosexualidad. Las organizaciones religiosas se llevan una grandísima parte de las escasas ayudas sociales destinadas a paliar la pobreza y, además, están exentas de pagar impuestos. Esa cafetería de Chattanooga, por ejemplo, con la categoría de que también es una iglesia, no paga impuestos federales. Lo dice la decimosexta enmienda a su Constitución. Y la Constitución es, en este país, tan sagrada como la Biblia.

Pero, si algo ya sabíamos cuando llegamos a Chattanooga, Tennessee, es que nos adentrábamos en ese cinturón bíblico estadounidense. Por eso, yo me esperaba que aquel viaje de exploración no tuviera el final feliz que tuvo. Yo me imaginaba que Chattanooga sería poco más que un pueblo medio fantasma, sin vida, como tantos que hemos ido conociendo a lo largo y ancho del país. De esos en los que a las nueve de la noche es imposible encontrar ya ni un solo local abierto. Sin embargo, cuando llegamos en aquel viaje navideño de exploración del terreno, nos sorprendió la falta de «locura estadounidense» en la ciudad. En este lugar de la América profunda, irónicamente vimos menos pegatinas en los coches y carteles en las casas apoyando a Donald Trump y su movimiento M.A.G.A. —Make America Great Again— que en el área de Miami. Eso nos dio buena espina. Estábamos en territorio Trump, sin duda, pero en un pequeño oasis un poquito más progresista, con un alcalde que no es ni demócrata ni republicano, sino «independiente» y, como pasa en todas las ciudades universitarias, el ambiente es joven y mucho más diverso. Y a las diez de la noche hay algunos sitios —no todos, pero sí muchos— donde todavía te pueden dar de cenar.

Pero no nos engañemos, basta con conducir unos minutos para encontrarte con todo lo que puedes esperar en el Sur, y no me refiero solo a la religión.

Chattanooga está en un valle rodeado de montañas y es una ciudad atravesada por el río Tennessee. Está pegadita a la frontera con Georgia, hasta el punto de que una de esas montañas, la Lookout Mountain, está en mitad de los dos estados. En la cima de la montaña están, posiblemente, las casas más bonitas y lujosas, con vistas a toda la ciudad. Quien tiene dinero en Chattanooga tiene mucho y de siempre, pero no les gusta aparentar de la misma forma que se ve en Miami, así que aquí no se ven extravagancias, ni coches de hiperlujo de colores brillantes, ni casas que sean cubos transparentes de cristal que dejen ver su interior. La gente de esta zona no parece tener la misma necesidad de demostrar que tiene mucho dinero.

En la Lookout Mountain, según sus datos del censo, no hay ni una sola casa donde se hable otra cosa que no sea inglés. Sus poco más de dos mil vecinos son todos ciudadanos estadounidenses y arrolladoramente blancos, propietarios de sus casas y con mucho más dinero que la media.

La ciudad, en cifras generales, está mucho más equilibrada entre negros y blancos, con solo un cincuenta y seis por ciento de blancos frente a un treinta por ciento de negros. Pero aún está profundamente segregada, con muy pocos barrios con vecinos de ambas razas por igual. Los latinoamericanos, mexicanos y centroamericanos en su mayoría, representan un siete por ciento de la población y también viven y tienen sus negocios en zonas específicas. Los colegios privados de mejor reputación, que pueden costar unos treinta mil dólares al año, tienen una mayoría aplastante de niños blancos, mientras que los niños negros e hispanos suelen encontrarse en los colegios públicos.

Al mudarme a Chattanooga he pasado de ser «una más», como lo era en Miami, donde hay una mayoría de personas de origen hispano de una gran variedad de nacionalidades, a ser un elemento un tanto exótico. Hispana, pero sin rasgos indígenas, muchas veces mis orígenes despiertan curiosidad entre los locales. Y hasta ahí todo normal, pero lo que me parece francamente fascinante es que mi Yankimarido también se sienta diferente en este lugar. Él, acostumbrado a ser de los pocos blancos en su ciudad natal de Miami Beach, encuentra que también destaca en Chattanooga. Su tono de piel —lechoso, casi traslúcido— es muy similar al del resto de habitantes, pero hay poca gente con el pelo oscuro y rizado como él. Sus genes de judío askenazí, con familia procedente de Rusia principalmente, le delatan como foráneo, porque aquí la mayoría tiene los ojos y el pelo mucho más claros.

—En Miami era el más blanco de todos, pero aquí no soy realmente blanco-blanco, sino blanco judío.

—Bueno, te recuerdo que yo en España soy blanca y aquí he pasado a ser marrón.

21

EL SUEÑO AMERICANO DE JAMIE Y BETO

Miami, al sur de Florida, es una de las ciudades más atípicas de Estados Unidos en muchos factores. Por mucho que se hable de que cada vez hay más hispanos, en general, viviendo a lo largo y ancho del país, no tiene nada que ver con la población de Miami. En el epicentro de la hispanidad, el condado de Miami-Dade, los estadounidenses blancos son minoría.

Otra cosa que diferencia claramente a Miami del resto del territorio nacional es el culto al cuerpo. En Miami, las comunidades colombiana, cubana y venezolana, principalmente, han desarrollado un amor por la estética, más que por la salud, que hace que ver a gente en plena forma física sea lo más habitual. Parte del escenario turístico de Miami Beach es esa zona para hacer ejercicio en la playa del Lummus Park, donde siempre hay una docena de hombres sobremusculados haciendo dominadas bajo el sol, ante la atenta mirada de los viandantes.

Pero no solo de ejercicio vive Miami. En Nueva York también abundan los gimnasios, carísimos y algunos bastante extremos. En una agencia en la que trabajé tuve como cliente a una cadena de gimnasios de élite de Manhattan. No de élite por el precio, que también, de élite por lo extremo del ejercicio. Los clientes no eran clientes, no se les denominaba *guests*, sino *athletes*. Su lema era: «Creemos que cada individuo tiene la capacidad para ser como los atletas a quienes admira y que puede entrenar tan duro como ellos». Las clases —una especie de *cross-*

fit con entrenamiento personal— definitivamente no eran aptas para cualquiera. Los clientes habituales eran una mezcla de deportistas semiprofesionales con lobos de Wall Street hiperestimulados. En Miami hay también muy buenos gimnasios, pero es mucho más habitual mezclar el ejercicio con la diversión, con la fiesta, con el baile, con la música y con enseñar músculo y lucirlo, nada de ponerse un traje a medida para después taparlo.

En Madrid, yo acudía a Body Pump, a GAP, a Body Combat, a *spinning*. Era de las que, cuando iba los sábados a la clase de las nueve de la mañana, subía una foto o hacía *check-in* en el gimnasio para que se publicara en Facebook y todo el mundo supiera así que me estaba portando fenomenal. Cuando aterricé en Miami y me di cuenta de que iba a ganar peso sí o sí, no tardé mucho en apuntarme a un gimnasio. Me matriculé en uno normalito que tenía clases colectivas a varias horas, y fui probando. Lo primero que me impresionó fue lo diferentes que eran los entrenadores de los jóvenes musculados, muchas veces recién graduados en INEF, que solían impartir las clases en Madrid. En Miami probé a hacer *kick-boxing* de la mano de un exmarine a quien poco le faltaba para ir de uniforme, experimenté con el yoga de la mano de una *exhippy* delgadísima y también practiqué la clase de Body Works bajo las órdenes de una teniente O'Neil negra y absolutamente calva. También me metí en una clase de Step donde el profesor tenía más de setenta años y probé otra de zumba con una señora de mediana edad y muchísimas curvas. Daba la sensación de que todos los profesores de esas clases eran personas ya jubiladas de otros trabajos y que, curiosamente, no se daba tanta importancia al físico del profesor como yo habría imaginado en esas cadenas de gimnasios de barrio.

La excepción, eso sí, era Jamie.

Cuando vi por primera vez a Jamie entrando en su clase del gimnasio LA Fitness, me pareció que era una especie de ser divino. Altísimo, esbelto como un nubio y estiloso, con su pantalón remangado en una sola pierna, sus botas de piel abiertas, con los cordones medio desatados, su camiseta de tirantes, su cabeza rapada al cero y sus pestañas rizadas. Caminaba como si fuera una superestrella y atravesaba sus hordas de fans hasta llegar al fondo de la clase, soltaba su mochila con desparpajo y saludaba antes de poner la música a todo volumen: *HELLO, HELLOOOOOOOO!*

Para entrar en sus clases había que hacer cola media hora antes en la puerta y, cuando por fin nos dejaban pasar, se producía una auténtica avalancha de chicas que corrían a coger sitio y, una vez instaladas, abrían las piernas y los brazos todo lo posible para garantizarse un mínimo espacio vital en el que poder moverse después. Más de cien alumnas —y algún que otro alumno— tenía Jamie en sus clases de los lunes por la tarde, donde daba algo llamado Latin Heat. A falta de licencia para hacer zumba, Jamie diseñaba sus propias coreografías. Y si hay un adjetivo apropiado para definirlas, ese era «*sexy*».

Cuando Jamie entraba en clase, todas las chicas chillaban de la emoción, como si hubiera entrado la mismísima Madonna por la puerta. Jamie sonreía de medio lado, se paraba para posar a golpe de cadera, caminaba como si fuera una *top model* en la pasarela y pegaba grititos —Uuuuuhhhhh!— que eran fielmente respondidos por todas nosotras: Uuuuuuuuh!!

Porque sí, yo también fui abducida por el carisma de esos casi dos metros de belleza escultural con pluma que era Jamie. También chillé, también hice cola y también me di codazos con el resto para llegar a la primera fila. Hasta me compré una camiseta bastante espantosa con sus iniciales, un día que vino con ellas en una bolsa. Muy fan de Jamie.

Jamie, en cada sesión de Latin Heat, parecía dar su propio espectáculo y aquella sala cutre y diáfana del gimnasio con luces de tubos fluorescentes se convertía, durante cuarenta y cinco minutos, en su Madison Square Garden particular. Él se subía a un cajón y bailaba como una gogó. Luego se bajaba, se colaba entre su multitud y bailaba un estribillo entre nosotras. Tan alto como era, podía desplegar sus larguísimos brazos como si fueran alas por encima de nuestras cabezas sin darnos a ninguna. No paraba y no nos dejaba parar. Y bailábamos una canción detrás de otra, siempre la misma coreografía que nos sabíamos de memoria, completamente hipnotizadas por su atractivo, sin poder siquiera acercarnos entre canciones a la pared donde dejábamos nuestras botellitas de agua para hidratarnos, por miedo a que nuestro hueco desapareciera y perdiéramos el sitio por invasión.

Jamie tenía la categoría de famoso de barrio en Miami y, como pasaba el tiempo y no le pagaban como la estrella que él era —la gente se apuntaba al gimnasio solo para poder acudir a su clase—, terminó marchándose de allí y abrió su propio estudio en otro lugar. Llegó a tener dos locales en Miami. Yo no le seguí porque sus tarifas costaban más de lo que yo pagaba de gimnasio, y no quería centrarme solo en bailar, también quería ir a las otras clases. Pero Jamie, durante mucho tiempo, fue uno de mis iconos del sueño americano. Siendo negro, de origen jamaicano y tan joven —cuando le conocí no había cumplido ni los veinte años—, sin estudios superiores, que yo supiera, pero dejándose la piel cada día en ese trabajo y con un talento y carisma sobrenaturales, nunca me cupo ninguna duda de que este chico terminaría llegando muy lejos en el país de las oportunidades que le había permitido ser dueño de su propio negocio antes incluso de tener la edad legal permitida para beber alcohol. Jamie podría ser modelo, coreógrafo, bailarín, empresario, presentador, actor, animador de los Miami Heat, el próximo RuPaul, qué se yo. Lo que él quisiera. Yo le imaginaba en televisión, en el cine, en las pasarelas, en Broadway, en el espectáculo del descanso de la SuperBowl, moviéndose con ese aplomo y esa elegancia suya tan natural. Hace años, claro, que le perdí la pista. Pero, para escribir estas líneas, lo volví a buscar en redes. Y vi que tuvo que cerrar su gimnasio, no sé si es que no sobrevivió a la pandemia. Y, a finales del 2020, a sus veintiséis años, sufrió un derrame cerebral. Aquel susto le afectó al habla y a su mano derecha, según publicó cuando estaba ya en el proceso de recuperación.

Ya no publica apenas en redes, su último vídeo —de él entrenando— tiene más de dos años.

Jamie fue, en su día, la prueba viviente de que el sueño americano y la meritocracia eran posibles en mi cabeza. Y hoy se ha convertido en una prueba más de que esa meritocracia y ese «llegarás muy lejos si te esfuerzas» son posibles, pero no tan probables. No siempre es tan fácil triunfar, aunque seas en lo tuyo como Jamie: una semideidad.

Ese sueño americano sí existió, hace un par de décadas, para el colombiano Beto Pérez cuando se inventó la zumba en Miami. Beto fue, a principios de la década del 2000, como Jamie: daba clases de aeróbic a las señoras del barrio de Aventura con mucho, muchísimo éxito. Y a día de hoy, Zumba es un imperio internacional. En mi primer año de vida en Miami, mis compañeras colombianas de trabajo, todas fieles admiradoras de este hombre triunfador, me llevaron a conocer a Beto como si me llevasen a conocer al rey. A pesar de su fama, seguía dando algunas clases «clandestinas» en un espacio escondido por el centro de la ciudad y para ir a ellas tenías que enterarte a través de algún contacto y reservar con antelación. Además, no se sabía hasta última hora si aparecería Beto por allí o no, no había vestuarios y había que pagar en *cash* (quince dólares, nada más) a una chica con una caja de zapatos que se colocaba en la puerta. Aquello me pareció surrealismo puro y fui a verlo con mis propios ojos. Aquel primer encuentro con este universo fue una de las experiencias más «Miami» de mi vida. Por lo latino —allí nadie hablaba inglés—, por el fanatismo —todo el mundo, menos yo, iba vestido de arriba abajo con ropa de la marca Zumba y la gran mayoría de los allí presentes eran instructores de zumba ellos mismos— y por el faranduleo —rondaba por allí uno que me dijeron que había formado parte del grupo infantil Menudo y otra mujer bellísima que, por lo visto, era una famosa actriz de culebrones venezolanos—. Así que había hasta famosos —en el mundo latinoamericano— en aquel evento clandestino en el que me había colado, no sé muy bien cómo.

Apagaron las luces y todos los complementos fluorescentes de los allí presentes comenzaron a brillar. Había gente que llevaba incluso guantes fosforitos para que, al moverse, sus manos fueran luces de neón.

Cuando apareció Beto, aquellos neones se multiplicaron, empezaron a moverse, emocionados, y su mera presencia pareció dejar sin respiración, por un momento, a todos los presentes. Yo no sabía cómo era aquel hombre físicamente, así que lo identifiqué por sus maneras de estrella internacional. Rodeado de chicas muy jóvenes, con mucha silicona y con muy poca ropa que me recordaron a las mamachicho de los inicios de Telecinco, y luciendo una sonrisa demasiado blanca para ser natural, aquel señor de cuarenta y tantos, pero con una apariencia extrañamente artificial, se dirigió dando zancadas a una especie de escenario de la sala y se puso a bailar sin parar.

Llevaba unas Converse de ribetes dorados con cuña camuflada en la suela y, aunque, en mi opinión, su carisma estaba muy lejos del de aquel jovencísimo Jamie, pude entender su éxito. Aquel hombre desprendía una seguridad en sí mismo impresionante, estaba absolutamente encantado de haberse conocido. Subió a sus «chicas preferidas» al escenario para bailar reguetón con ellas mientras hacía *playback* con canciones que decían cosas del tipo «a ella le gusta chupar palote», y se quitó la camiseta, empapada en sudor, a mitad de la clase, entre vítores. No parecía importarle lo más mínimo que la mitad de la clase estuviera haciendo fotos o vídeos en vez de seguir sus pasos de baile. Aquello era un espectáculo, no una clase normal.

Fui dos veces a aquellas clases clandestinas, pero en la segunda ocasión me pareció mucho menos fascinante y todo me dio más grima, desde el pago en efectivo hasta la cola que se formaba al final de la clase para hacerse una foto con este señor. Pero lo que me quedó claro es que, si en algún sitio podía triunfar alguien como Beto, o como Jamie, era en Miami. Un lugar en el que todo el mundo quiere sentirse *sexy* y bailar. Un lugar en el que la gente va al gimnasio a lucirse, más que a entrenar.

Qué diferente es ir al gimnasio en este Sur de Estados Unidos en el que ahora vivo. Aquí, fuera de ese escaparate que es Miami, las clases colectivas son una colección de camisetas de publicidad que lo mismo te sirven para dormir que para hacer una clase de Body Pump. Eso es algo que, sinceramente, adoro de vivir aquí. A nadie le importa un pito cómo va el resto vestido. Aquí, lejos de Miami, no se ve a mujeres embutidas en fajas que no les dejan respirar. En la zapatería —en singular, porque en el centro de la ciudad solo hay una— apenas venden zapatos con tacón. Puedes ir en chándal a cualquier restaurante sin que nadie te mire mal. Si hiciéramos una escala del qué dirán, creo que Miami se lleva el premio gordo en cuanto a machismo y presión social. Después tendríamos a España, o a Madrid, más concretamente, que es lo que conozco, donde la gente cuida su aspecto en público casi por inercia, aunque de una forma mucho menos sacrificada y más natural. Y, por último, abajo del todo, en el nivel de quien saca al perro en pijama o se acerca al supermercado en zapatillas de estar por casa, tendríamos a esta América profunda en la que prevalece el confort sobre la estética. Aquí, lo más importante de todo es la comodidad. Por eso sospecho que, de haber nacido aquí Jamie y su Latin Heat con botas desabrochadas, no habrían llegado ni la mitad de lejos que en Miami.

Ni siquiera Beto es reverenciado en este rincón del mundo, ni la gente se compra su ropa para bailar en el gimnasio, a pesar de que los tentáculos del imperio de Zumba han llegado y por la clase se le pague su correspondiente *copyright*. El sueño americano es una lotería y no depende de que la idea sea buenísima, ni del talento, ni del tesón. Es una combinación de elementos que, aleatoriamente, pueden provocar una chispa. Y, si estás en un sitio —ya sea dentro de Estados Unidos o en cualquier otro lugar— en el que esa chispa puede prender, perfecto. Si no, la chispa se queda en una mera anécdota. En un recuerdo. En una ilusión.

22

EXPERIENCIAS XL

A pesar de que yo he ganado muchos kilos en Estados Unidos, no me empezó a parecer terrible la obesidad hasta que dejé Miami. La obesidad no es un problema típico de allí. Quizá el abuso de la cirugía plástica sí lo sea. Las clínicas de estética abundan y existe incluso turismo médico para operarse el pecho, hacerse una lipoescultura, estirarse la frente como si fuera una sábana bajera o ponerse un descomunal «culo brasileño». Y no exagero, he visto traseros en los que, literalmente, podrías dejar una copa llena apoyada y se mantendría en pie, sin derramarse. He visto cinturas absolutamente imposibles si tienes todas las costillas en su sitio. He visto pómulos absurdamente pronunciados en señoras de edad indefinida. He visto pechos siliconados a punto de estallar. Incluso, poco después de llegar yo a Miami, salió en las noticias que una mujer de veintiún años de Tampa, Florida, había pagado veinte mil dólares a un cirujano para cumplir el sueño de su vida: tener un tercer pecho central hecho con la grasa extraída de su abdomen. Soñaba con tener, literalmente, más tetas y menos tripa. Luego se descubrió que aquello era una historia falsa para llamar la atención, pero estuvo circulando durante muchos meses. Una muestra más de la variedad de noticias de *Florida Man* o, en este caso, *Woman*.

Dicen que hay tantas noticias absurdas de historias sin sentido que hace la gente de Florida que, si pones la fecha de tu cumpleaños seguida de «Florida Man» en Google, puedes dar con tu yankisurrealismo particular. En mi caso, el titular que sale es el de mi cumpleaños del 2015, cuando ya estaba viviendo por allí. Al parecer, un chico de veintidós años muy borracho en Boca Ratón pegó a un empleado de Jimmy Johns, una cadena de comida rápida, por no hacerle un bocadillo lo suficientemente rápido.

En mi cumpleaños del 2019, un hombre de Florida de sesenta y ocho años, también borracho y puesto hasta arriba de cocaína fue detenido por estamparse mientras conducía su cortacésped eléctrico contra un coche de policía.

Efectivamente, cada día hay noticias absurdas en Florida. Y esto tiene su razón de ser. No es solo que la gente en Florida pueda cometer más estupideces que en el resto del país, que también, es que la ley de Florida —o, mejor dicho, la falta de ley— permite total acceso de la prensa a los archivos policiales de cualquiera, a un nivel mucho mayor que en otros estados. Esto alimenta el mito de que solo en Florida ocurren cosas extrañas. Pero, en realidad, lo que pasa es que tenemos un exceso de información sobre todos los acontecimientos extraños que ocurren en el estado de Florida que no tenemos sobre otros estados...

Pero, volviendo al tema de la estética, aunque la obesidad no sea frecuente en Miami, sí que lo es a medida que subes por la carretera y te encuentras con el Sur. Aunque la obesidad no es un problema exclusivo de esta región, parece que todo lo malo que tiene este país muestra su versión más extrema en esta zona. Ya en Orlando, en mitad de Florida, impresiona la cantidad de personas con una obesidad severa que van a los parques de Disney y Universal y tienen que alquilar sillas eléctricas para moverse porque son incapaces de aguantar caminando tanto un solo día. Hay atracciones con límite de peso o con una silla de prueba al inicio de la cola para que compruebes si cabes y si puedes bajar del todo la barra de seguridad en las montañas rusas. A partir de cierta envergadura, aquello no cierra.

Pero, a pesar de que en alguna visita a los parques de Orlando me pudiera chocar ver la cantidad de gente que hay en este país con un problema de obesidad mórbida, no fue hasta que salimos de Miami y nos asentamos en Chattanooga, Tennessee, cuando comencé a percibir la obesidad más extrema que he visto en mi vida. Obesidad como la de esos programas tan terribles que emite la televisión. En la cadena TLC, a la cual yo llamo cariñosamente «telecaca» a pesar de que se supone que nació como un canal educativo llamado The Learning Channel, ponen todo tipo de programas sobre obesidad: *My 600-lb Life, 1000-lb Sisters, 1000-lb Best Friends, Too large...* Todos tratan sobre lo mismo: gente en un estado extremo de obesidad que muestra cómo esta no viene sola. Suelen proceder de entornos marginados, familias desestructuradas, con problemas psicológicos añadidos. Han hecho incluso un *reality* sobre personas trans cuya transición de género se ve limitada por su extremo sobrepeso. Pero, a pesar de que yo vi este tipo de programas relacionados con la obesidad durante mis primeros años en Miami, nunca pensé que fuera a impactarme tanto ver el problema en la vida real.

El ochenta por ciento de la población de Estados Unidos del siglo XXI tiene sobrepeso. Y casi un diez por ciento sufre obesidad mórbida. Esto no es una cuestión de estética ni de cultura, sino un problema tremendo que toca muchos palos.

Entre 1991 y 1998, los estados del Sur han visto cómo sus habitantes engordaban de forma desproporcionada, aumentando en un setenta por ciento el índice de obesos. En Georgia, la obesidad durante esos siete años alcanzó un ciento uno por ciento.

Me impresionó mucho ver el nivel de obesidad al llegar a Tennessee. No he sido nunca delgada y a lo que sí estoy acostumbrada es a ser «la más gorda» del lugar. La más gorda de mi clase de *spinning*. La más gorda de mi equipo en la oficina. La más gorda de mi grupo de amigas. La más gorda de mi familia. En Miami esta dinámica había sido parecida, así que, al llegar, no noté ningún cambio significativo. Sin embargo, en Tennessee pasé a verme menos gorda. Habitualmente soy la menos gorda del lugar en el que esté, a pesar de que la dieta sureña —todo frito, todo rebozado, todo con exceso de mantequilla— me ha añadido otro puñado más de kilos indeseados en el último año.

La primera vez que fui al centro comercial de Chattanooga, a las afueras de la ciudad, en un lugar al que solo se puede llegar en coche, me quedé impactada con los escaparates de las tiendas de moda. Todas tenían maniquíes XL y fotos con modelos de talla grande, y todas tenían tallas superiores a *large*, que ya, de por sí, es mucho más grande que la misma talla en las tiendas españolas. Acostumbrada a las hechuras que se estilan en los escaparates de Miami, donde pudiera parecer que todas las mujeres quieren ser como Barbies, yo no salía de mi asombro viendo aquellos pósteres enormes dentro de las tiendas en los que a las modelos se les veía el michelín.

Mi cabeza se debatió entonces entre aplaudir la iniciativa de mostrar más «cuerpos reales» o interpretar aquello como una especie de señal del Apocalipsis. Por un lado, perfecto, ver aquellas imágenes y encontrar todo lo que me gustaba en mi talla me hacía sentir muy bien. Es más, me hacía sentir aún mejor encontrar todo lo que quisiera en mi talla y, encima, que hubiera otras tallas superiores a la mía que me quedaran grandes. Acostumbrada a coger por sistema todas las prendas de la talla más amplia disponible en cada tienda en España, no fue hasta que empecé a vivir en Estados Unidos cuando vi en el probador, un tanto confusa, que toda la ropa que había escogido me quedaba grande. El privilegio de poder elegir una prenda porque te guste mucho y no solo porque te valga es algo que, si nunca has tenido kilos de más y problemas para vestirte, no te planteas siquiera.

Así que vivir en un lugar donde la obesidad es epidémica creo que me ha ayudado a sentirme mejor conmigo misma, aunque soy consciente de que este pensamiento mío es profundamente superficial. El centro comercial de Chattanooga es amable conmigo: la ropa me vale, aunque no encuentre siempre algo que me guste mucho. Aun así, voy muy pocas veces, porque sigo detestando ir de compras. Además, en ese centro comercial se ven otras cosas bien desagradables... Por ejemplo, la pobreza de las personas que trabajan en los puestos de comida, a quienes se les paga una verdadera miseria, y puedes ver cómo ya les faltan dientes, aunque aún quizá no hayan cumplido los treinta años. La última vez que fui, la chica que me dio una porción de pizza tenía un aspecto terrible y dos pistolas pequeñitas tatuadas, una en cada sien.

Pero, aunque el centro comercial sea inclusivo con las personas que usan tallas grandes, siento que esos maniquíes y modelos *supersize* están ahí como consecuencia de que más del ochenta por ciento de la población sufre sobrepeso, y eso también me hace sentir mal. Porque esas modelos de las paredes de las tiendas siguen siendo sensiblemente más delgadas que muchas de las clientas que puedes ver dentro del establecimiento. Es decir, mi percepción no es que las marcas quieran hacernos sentir mejor a quienes no tenemos una talla S o M, sino que, como la mayoría de sus beneficios proceden de las personas que compran la talla XL, están adecuando su mensaje publicitario para que no resulte excesivamente irreal. Las modelos de tallas grandes siguen teniendo cuerpos aspiracionales para la realidad que se ve en muchos lugares de Estados Unidos, sobre todo en este Sur donde vivo. Y de ahí mis sentimientos encontrados al entrar en aquel centro comercial. Ojalá fuera solamente que las marcas hubieran evolucionado y se hubieran vuelto más humanas e inclusivas. Lo que ocurre es que la sociedad estadounidense ha engordado muchísimo en los últimos treinta años y las marcas se han puesto las pilas: si los clientes ahora pesan mucho más, los clientes ahora necesitan nuevos referentes.

Esos kilos de más no son el resultado de un comportamiento irresponsable o de una vida hedonista donde los estadounidenses se hayan dejado llevar por los placeres del buen comer... Esos kilos de más tienen muchísimo más que ver con el sistema en el que están (estamos) metidos.

Para empezar, la falta de información es clave. En Estados Unidos no hay educación nutricional. No se insiste en recomendar a la población que coma los nutrientes necesarios o que lleve un estilo de vida saludable, porque ese mensaje choca directamente contra las grandes empresas que sostienen la industria alimentaria. Michelle Obama lo intentó y le salió el tiro por la culata. No es porque no haya organismos que recomienden comer sano, sino porque estos están muy faltos de poder. Y cuando hablo de poder en Estados Unidos, hablo de financiación. Quien pone más dinero sobre la mesa es quien habla más alto.

La obesidad es la consecuencia lógica del estilo de vida capitalista estadounidense, sobre todo del estilo de vida pobre estadounidense. Las clases altas no sufren tanto el problema de la alimentación porque pueden permitirse comprar frutas, verduras, pescado y carne de mucha más calidad y, sobre todo, con mucha más frecuencia que las clases medias y bajas, que viven a base de ultraprocesados, mucho más baratos y rápidos de preparar.

Como yo no soy de clase alta, el único pescado que entra en mi casa es salmón y filetes de emperador ocasionalmente, cuando los ofrecen en el Trader Joe's. Son los únicos dos pescados frescos que suelo encontrar. Hay otras variedades que son demasiado caras para mi presupuesto o que, directamente, no llegan a las tiendas. Ni siquiera en Miami había una gran oferta. Solo en un par de sitios tenían otros pescados diferentes al salmón, atún y tilapia que se encuentran más fácilmente, y todos a precio de oro. Allí a veces compraba mahi-mahi, que era un pescado local que me gustaba bastante. Encontré colas de rape un par de veces en el Costco y casi lloro de la emoción. Pero llevo años sin poder comer lenguado, a no ser que vaya de visita a España. O boquerones, o chipirones, o salmonetes, o sepia, o merluza, o tantos otros.

Lo de que «los estadounidenses no cocinan» es uno de los mitos que no puedo desmitificar del todo. Efectivamente, no cocinan, en ningún caso, tanto como los españoles. Pero tampoco es cierto que todos vivan exclusivamente de comida rápida y que, por no tener, no tengan ni platos y solo usen vajillas y cubiertos desechables.

Hay estadounidenses que cocinan cada día. Es más, yo diría que la mayoría cocina algo a diario. Se suelen hacer la cena, que es la única comida que se hace en familia. El almuerzo no es algo que cocinen normalmente, y es cierto que tiran mucho de sándwich o de ensalada preparada, o de cualquier comida precocinada que sea fácil y rápido preparar. Normalmente esto es porque están trabajando y así no se pierde tiempo para comer. Durante los fines de semana es más probable que también se hagan el desayuno, aunque el valor nutricional de lo que se suele comer a esa hora —tortitas, huevos, beicon, salchichas...— es discutible.

El que no se dé mucha importancia al almuerzo es un factor cultural que propicia el picoteo para llegar sin demasiada hambre a la cena. Y Estados Unidos es el rey de los *snacks*. En cualquier supermercado, la oferta de galletitas saladas o dulces, chocolatinas, frutos secos y patatas fritas es casi ilimitada. Y los estadounidenses consumen muchísimo estos productos porque es lo que les da la energía durante su jornada laboral sin tener que parar.

Cuanto más te exige tu trabajo, peor comes. Yo antes era de las «rebeldes» que se levantaba de su mesa y se iba a la cocina durante una hora a comer y socializar, pero desde que comenzó la pandemia y trabajo desde casa, ha habido muy pocas ocasiones en las que haya podido parar más de veinte minutos para comer. Comer frente al ordenador o aprovechar una reunión interna para hacerlo está totalmente normalizado y, de hecho, lo extraño es desaparecer durante una hora solo por esta razón.

Además, entre el cinco y el diez por ciento de la población estadounidense tiene dos trabajos. Eso de forma oficial, porque sin ser oficial, somos (y me incluyo) muchos más los que tenemos dos o más empleos. Y eso implica multiplicar horas, en muchos casos, comer en el coche y tirar de comida rápida, litros de café y aún más *snacks*.

Tener una jornada laboral doble no significa evitar el sedentarismo. El sedentarismo tiene otras raíces, también muy profundas, que tienen más que ver con la falta de infraestructuras, el aislamiento en el que están construidas las viviendas y la falta de transporte público. Todo ello se traduce en que no solo haya que coger el coche para todo, es que en muchas zonas no hay ni aceras para hacer un ejercicio tan básico como caminar. No, tener dos trabajos no significa moverse más. Solo viene a ser una vida más cansada, más estresada y más dependiente de soluciones que te ayuden a seguir produciendo sin parar. El mundo de las comidas preparadas o incluso las que te llegan directamente a tu domicilio para que tú no tengas que comprar, pensar en qué comer ni encargarte de absolutamente nada es una industria enorme en esta sociedad hiperproductiva, con cada vez más opciones saludables en cajitas de comida con muy mal aspecto, pero con grandes críticas en internet, ya que parecen alimentar a todos los *influencers* que existen. Aun así, esos menús preparados no son la solución a ningún problema, ni están al alcance de todos por precio.

Lo que sí está al alcance de todos es la comida basura, que es una de las industrias que se alimenta a la vez que alimenta a la sociedad empobrecida estadounidense. Estos establecimientos son los que florecen en los *food deserts* a lo largo y ancho del país, esas zonas en las que viven más de veinte millones de personas. Áreas en las que hay viviendas, pero no supermercados, ya que las empresas no consideran interesante establecerse allí y eso obliga a los vecinos a conducir más de quince kilómetros para poder comprar comida. Los *food deserts* afectan mayoritariamente a los barrios negros, ya que, durante los años de la segregación, el Gobierno estadounidense dio subvenciones para que se abrieran tiendas de comestibles que dieran servicio en las nuevas áreas residenciales blancas, pero nunca se hizo lo mismo en los barrios negros. Por eso, hay millones de personas que viven en lugares donde la tienda de la gasolinera es lo más parecido que tienen a un supermercado, y se alimentan de los productos que pueden comprar allí. Y, para colmo, en las gasolineras de estos lares no venden barras de pan. Ojalá.

La falta de opciones saludables afecta no solo a los afroamericanos, sino también a las zonas rurales. Cuando estuvimos el verano pasado en la Feria Estatal de Iowa, de vuelta a Tennessee pasamos con el coche por una localidad llamada Eldon. Me encantaría calificar a Eldon como un «pueblecito», pero no creo que tenga el encanto suficiente como para hacer honor a tal definición, a pesar de que cuenta con un par de edificios de finales del siglo XIX y principios del XX que están catalogados como lugares históricos. Eldon es un pueblo más nacido gracias a la construcción del ferrocarril a finales del siglo XIX y que hoy en día es un conjunto de casas sin pretensiones alrededor de campos de maíz y de soja, con un «centro» que son esos edificios históricos, medio abandonados y a pie de carretera. Su mayor atractivo, de hecho, es precisamente una de sus «casas normalitas», ya que en ella se inspiró el artista Grant Wood para pintar su famoso cuadro *American Gothic* en

1930. En Eldon vive muy poquita gente y no hay estación de trenes, ni de autobuses, ni de nada. De hecho, ha ido perdiendo población progresivamente y, mientras que en el censo del año 2000 rozaba el millar de habitantes, hoy en día son poco más de setecientos, y casi todos blancos.

Y serán pocos los habitantes de Eldon, pero comer, comen, como todos. Y las opciones que ofrece el pueblo son muy escasas: hay una gasolinera con una tienda anexa que vende algunos congelados y hay un Dollar General, una especie de «todo a un dólar» desfasado, porque ya nada cuesta solo un dólar. Una pizza congelada son diez dólares, de hecho.

Si un vecino de Eldon quiere comprar productos frescos, tiene que conducir unos veinte minutos hasta llegar a otro pueblo cercano, donde sí hay supermercados. Eldon, Iowa, es lo que se llama un *food desert* de manual.

Según el Departamento de Agricultura, para ser etiquetado como un *food desert* tienes que ser una comunidad con una ratio de pobreza mayor al diez por ciento y que esté situada a más de diez millas de un lugar donde se pueda comprar comida, sin que esta sea la procedente de una tienda de gasolinera o restaurante de comida rápida. Pues bien, solo en Iowa, un estado relativamente pequeño, hay más de cien áreas catalogadas como *food deserts*. A nivel nacional, hablamos de seis mil quinientas comunidades afectadas por la escasez. Eso se traduce en casi veinte millones de personas con dificultades para acceder a comida saludable. Es injusto culparles por tener precocinados y comida basura como base de su dieta habitual.

En Eldon, Iowa, esos vecinos son muy conscientes de la sobreproducción de maíz, ya que viven en una de las áreas del país que se dedica a cultivar, principalmente, maíz y soja. De hecho, el noventa por ciento de las tierras de este estado están destinadas a la agricultura.

A Estados Unidos, el maíz le sale por las orejas, sobre todo desde los años setenta. Hay tantos campos de maíz que si los pusiéramos todos juntos, ocuparían casi todo el estado de California. Además, las empresas agricultoras dedicadas al maíz no han dejado de crecer, ya que es un negocio redondo: no solo viven de lo que venden, también viven de los subsidios del Gobierno. Al igual que existe un *Bible belt* de estados ultrarreligiosos, un *Rust belt* de estados industriales o un *Cotton belt* de estados donde estuvieron las plantaciones de algodón con mano de obra esclava, también hay un *Corn belt* formado por los estados productores de maíz al por mayor. Esta superproducción ha provocado que el sirope de maíz se utilice como conservante y principal endulzante de cualquier producto procesado. No hay más que darle la vuelta a cualquier producto del supermercado para encontrar *corn syrup* en los ingredientes. Y, además, en los años sesenta se comenzó a utilizar el *high fructose corn syrup*, que es lo mismo, pero alto en fructosa. Y, a pesar de que todos los expertos atribuyen al consumo de este sirope de maíz omnipresente en la alimentación estadounidense muchas enfermedades, como la resistencia a la insulina, problemas en el metabolismo y, por supuesto, la obesidad, nadie tiene previsto pararle los pies a la producción de este sirope de maíz, que es más barato de fabricar que el azúcar. De hecho, los agricultores están últimamente encantados con el cambio climático: el hecho de que las primaveras sean más largas y el clima más suave, les está permitiendo producir aún más.

El sirope de maíz endulza y tiene un sabor diferente al del azúcar, por eso la Coca-Cola, por ejemplo, sabe diferente en España que en Estados Unidos. De hecho, en Estados Unidos ahora se vende la Coca-Cola mexicana (con azúcar y no con sirope) casi como un producto *vintage*, especial, cuando lo único que tiene de especial es eso.

Que el sirope de maíz es peor que el azúcar no es ningún secreto. Aun así, muchísimos productos de la dieta habitual estadounidense lo contienen y, sumándolos todos, consiguen que casi todos los habitantes de este país consuman más sirope de maíz alto en fructosa de lo que deberían. Ya no es que esté presente en chocolatinas, helados y galletas, es que es parte de todas las bebidas azucaradas, incluyendo los zumos de frutas «naturales». Se encuentra en las mermeladas, en casi todos los productos de desayuno y ¡en el pan! O en prácticamente todas las salsas, incluyendo el kétchup.

Y los estudios son contundentes cuando afirman que engorda más, y que su consumo tiene consecuencias negativas en la salud. Sobre todo, en cuanto al riesgo de diabetes de tipo 2. Otra epidemia nacional. La que afecta a uno de cada diez estadounidenses. La séptima causa de muerte y una de las principales causas de bancarrota familiar.

23

HACIENDO TRAMPAS

He desarrollado algunos terrores desde que vivo en Estados Unidos. Terrores que nunca me habían robado el sueño en mi vida anterior. Uno de ellos, probablemente el mayor, es enfermar. Me da mucho miedo que me puedan diagnosticar diabetes tipo 2, por ejemplo. Y no soy la única. De hecho, cuando se diagnostica esa enfermedad aquí, casi el setenta por ciento de los pacientes tenían ya la tensión alta sin tratar. El cuarenta y cuatro por ciento tenía el colesterol muy alto y no hacía nada al respecto. Cuando acuden al médico, el treinta y nueve por ciento ya tiene fallos en los riñones y el doce por ciento va a la consulta porque han perdido algo de visión o se han quedado ya ciegos.

No creo que se pueda culpar a los estadounidenses —o a quienes vivimos aquí— por engordar, a sabiendas de que la comida es la que es y no todo el mundo tiene acceso a todo. Ahora entiendo todavía mejor a esas personas que van al médico solo cuando ya no pueden más. Yo soy la primera que lo hace y nunca fui así antes de emigrar.

La diabetes, o cualquier enfermedad crónica que implique fármacos de por vida, cuesta mucho dinero. Un vial de insulina, que en Canadá cuesta unos treinta o treinta y cinco dólares, en Estados Unidos asciende a casi cuatrocientos. Un paciente de diabetes tipo 1 puede gastar al mes entre setecientos ochenta y mil doscientos dólares. Y un paciente de diabetes tipo 2 requiere más insulina, así que el gasto asciende a más de dos mil trescientos dólares. Es una locura. Las farmacéuticas no paran de subir los precios, alegando que hacen mucho I+D y que eso cuesta mucho dinero. Sin embargo, hace poco se descubrió que —oh, sorpresa— la farmacéutica Eli Lilly gastó «solo» trescientos noventa y cinco millones de dólares en I+D entre los años 2014 y 2018, que no es nada si tenemos en cuenta que, en ese mismo período de tiempo, dedicaron casi mil quinientos millones de dólares a marketing y publicidad. Las farmacéuticas pueden anunciar sus fármacos con receta en televisión, cosa que solo es legal en Estados Unidos y en Nueva Zelanda. Y, además, en Estados Unidos, reciben subvenciones del Gobierno para dicha publicidad. «Pida este fármaco a su médico», ruegan unos anuncios larguísimos con imágenes de archivo de gente feliz haciendo actividades al aire libre mientras una voz en *off* te advierte de que el fármaco puede llevarte a tener pensamientos suicidas, por ejemplo...

No hay excusa para la codicia de la industria farmacéutica. La *Big Pharma*, es decir, el conjunto de empresas farmacéuticas grandes, tiene demasiado dinero para no imponer sus propias normas en el país donde el capital siempre manda.

En el año 2022, la FDA (Administración de Alimentos y Medicamentos) aprobó el uso de una dosis más alta de un fármaco —semaglutida— que existía desde ya hacía unos años para tratar la diabetes, y se descubrió que ese fármaco —Ozempic— provocaba una bajada de peso importante en los pacientes, ya que elimina el apetito. Otros fármacos similares salieron al mercado, algunos de ellos específicamente desarrollados para hacer perder peso, como Wegovy, y cada vez que un medicamento es aprobado por la FDA, este aparece en los telediarios como una gran novedad nacional. Es increíble cómo de rápido se puede dar la vuelta a la tortilla, cómo se pasa del *body positive* a tope, del empoderamiento del cuerpo femenino y la aceptación de sus curvas a, de nuevo, el culto a la delgadez, en cuestión de poco tiempo, gracias a la aparición de una droga mágica y legal. Además, en el momento en el que Kim Kardashian se redujo el pecho en el 2022, pareció que Estados Unidos pasaba a decir adiós a la moda de las «curvas bien puestas» y hola, de nuevo, a la máxima delgadez posible. Los famosos y las famosas comenzaron a probar «el truco» del Ozempic y Wegovy milagrosos. Algunos hombres hablaron de ello, porque parece que ellos tienen menos presión social. Las mujeres han seguido fingiendo en sus redes sociales y entrevistas al explicar que, si habían bajado de peso tan radicalmente, era porque se cuidan, hacen ejercicio y comen fenomenal. Pero, enseguida, los medios comenzaron a hablar del fenómeno de «la cara Ozempic». Es decir, la cara que se te queda debido a una acusada y rápida pérdida de peso, sobre todo a partir de una edad, cuando el colágeno no abunda. Nada que no se pueda arreglar con bótox, claro está.

Todo vuelve a su sitio añadiendo algo más de dinero. Estos medicamentos nuevos requieren receta, pero tener quien te firme una en este país, a cambio de un cheque, no es ningún problema. También tienen efectos secundarios a corto plazo importantes, como bloqueo intestinal, deshidratación, náuseas o incluso pancreatitis o problemas en los riñones, y a largo plazo aún no parece que haya estudios suficientes para saber qué puede pasar. Los expertos dicen que, en cuanto dejas el tratamiento, el peso puede volver. Y si no dejas el tratamiento nunca, puedes desarrollar otros problemas de salud. Pero lo más fascinante es que estos tratamientos no están totalmente cubiertos, de momento, por ningún seguro médico. Y estamos hablando de fármacos que cuestan entre mil y mil quinientos dólares al mes.

Con esos precios, ¿quién termina siendo el cliente de Ozempic, Wegovy y demás fármacos milagrosos contra la obesidad? Las personas que más lo necesitan, no.

El dinero y la salud son dos conceptos que nunca deberían estar relacionados, pero lo están. A más dinero, mejor salud.

Más esperanza de vida. A mí me sorprende muchísimo cuando sale en las noticias que alguien famosísimo se ha muerto... y a qué edad. Sobre todo, cuando son hombres.

No hace mucho que se murió Bob Barker, el icónico presentador de *El precio justo* en Estados Unidos, a los noventa y nueve años. El cantante Tony Bennet y el actor Harry Belafonte también cayeron hace poco, tenían los dos noventa y seis. El presidente Jimmy Carter ha cumplido los noventa y nueve en el 2023 y Henry Kissinger, el que fue secretario de Estado con Nixon y Ford, pudo soplar las velas de su centenario. Esta longevidad masculina contrasta muchísimo con la esperanza de vida promedio en Estados Unidos, que lleva los dos últimos años en caída libre y que está en niveles de 1996. Los hombres viven una media de setenta y tres años. Las mujeres, una media de setenta y ocho. Pero es que las diferencias por clase social y, por ende, también por grupo étnico, son brutales. Los nativos americanos de Alaska tienen la misma esperanza de vida al nacer en la actualidad que un estadounidense promedio tenía en el año 1944: no se espera que vivan más de sesenta y cinco años. Y si eres afroamericano, en este país es raro que sobrevivas más allá de los setenta. Por desgracia, no todo tiene que ver con el estado de salud, también aquí están las variables de las drogas y las armas. Pero lo que está claro es que los millonarios pueden alargar su calidad de vida de una forma que no está al alcance de un ser humano normal, porque los cuidados y la atención médica son extraordinariamente caros.

24

EL MEJOR SEGURO ES EL QUE NO SE UTILIZA

Siempre he tenido un seguro privado de salud. No recuerdo, de hecho, no tenerlo. Yo nací en una clínica privada. Mis padres tenían un seguro privado familiar que utilicé muchas veces para el ginecólogo, el alergólogo, el dermatólogo y el endocrino, principalmente, hasta que dejé de vivir con ellos. Cuando me independicé, me hice mi propia póliza con la misma aseguradora y seguí utilizándolo, aunque solo para esas cosas. Si cogía la gripe, iba a mi médico de cabecera. Me hacía los chequeos médicos cada año de la mutua de mi trabajo. Y cuando, con más de treinta años, me corté el dedo índice de la mano izquierda por meterlo —en uno de los movimientos más estúpidos de mi edad adulta— en una batidora enchufada que se había atascado, fui a urgencias del hospital de La Paz.

En los treinta y dos años que viví en Madrid antes de emigrar, nunca dediqué ni medio minuto a pensar en lo maravilloso que es nuestro sistema sanitario español. Esa es la verdad. Lo único que sabía era que mi seguro privado merecía la pena porque no era mucho dinero al mes y agilizaba un montón esas consultas de especialidades, pero sabía que para las «cosas serias» —cirugías, urgencias, partos, tratamientos importantes— siempre era mejor la sanidad pública.

Había oído que en Estados Unidos las cosas eran distintas. Que solo había seguros privados. Por tanto, en mi cabeza, la sanidad estadounidense era como mi sanidad privada en España. Es más, era aún mejor, ya que lo que me dijeron era que sería mi empresa quien se haría cargo de mi póliza. Y que era una póliza buenísima.

Pero no. Ni iba a ser igual que tener seguro privado en España, ni mucho menos mejor. La sanidad en Estados Unidos es una grandísima estafa y es la mayor decepción que me he llevado en el país de las oportunidades, con diferencia.

Mis primeras semanas en Florida estuvieron llenas de confusión. No sabía cómo funcionaba nada, en general. La búsqueda de casa con el *realtor*, la compra del coche, los miles de papeles, la cuenta del banco, cómo iban las cosas en mi oficina, las herramientas de trabajo, los horarios, las costumbres, la tele por cable, las normas de mi edificio, el protocolo antihuracanes, el ocio, el tráfico. Y en toda esa nebulosa estaba también el seguro de salud. Si me ponía mala, ¿dónde tenía que ir? ¿Cuánto tenía que pagar? ¿Cómo funcionaba ese seguro tan estupendo que me decían que teníamos en el trabajo?

Esa fue de las primeras preguntas que le formulé a la chica de Recursos Humanos, pero, al contrario que con cualquier otra, para esta cuestión no tenía una respuesta fácil. Recuerdo que me dijo: «No te preocupes, que voy a agendarte una sesión con nuestro agente de seguros y él te lo explica todo».

Efectivamente, a la semana siguiente tenía agendada una videoconferencia con un tal Jonah, de la oficina de Nueva York. Cogí el portátil y me metí en una sala de reuniones. Me puse los cascos y le di a iniciar. No era la única que estaba incluida en esa reunión: Jonah iba a explicar el seguro de salud a todos los nuevos empleados de la empresa a nivel nacional, así que había otra media docena de personas que, desde otros estados, también estaban conectadas a la llamada. Jonah nos dio la bienvenida a todos e inmediatamente compartió su pantalla para mostrarnos una presentación. Nos repitió lo que ya sabía, que el seguro era buenísimo, y luego añadió que teníamos un par de modalidades para elegir, una de ellas con un deducible más alto que el otro, otra con menos copagos, que si el *out of the pocket*, que si los médicos *in-network*, que si el seguro de visión, que si el seguro dental, que si los *monthly-premiums*, que si los pagos por quincenas, que si la opción del HSA, que si la baja por discapacidad, que si el seguro de vida...

—¿Alguna duda? —nos preguntó en inglés.

Un par de personas preguntaron, y yo no entendía ni las dudas, ni las respuestas.

—Pero, si llego a mi deducible, ¿entonces no tengo que hacerme cargo de los copagos? ¿Puedo usar el HSA con mis dependientes o solo conmigo mismo? ¿Tiene que ser mi PCP obligatoriamente *in-network* o puedo mantener el mío, siendo *out-of-network*?

Yo no dije ni media palabra y, cuando acabaron, salí de la llamada, bajé despacio la tapa de mi portátil y cerré mi cuaderno en silencio. Llegué a mi sitio pensativa.

—¿Qué tal tu reunión, Belén? —me preguntó una compañera venezolana.

—Pues... Era sobre el seguro médico y la verdad es que no me he enterado de nada.

Mi compañera soltó una carcajada.

—Ay, mija, tranquila, que lo del seguro médico no lo entendemos nadie aquí.

En ese momento pasaba por allí la de Recursos Humanos y aproveché para preguntar:

—¿No tendrás la información que nos han dado por escrito, para que pueda leerla? No sé si es que hablaban muy rápido en inglés, pero no lo he entendido todo...

—Ay, si quieres, va a haber otra convocatoria la semana que viene en español, porque va a venir aquí el chico de la oficina del seguro en Miami a resolver dudas. Te apunto, ¿te parece?

—Ah, perfecto, ¡gracias!

A la semana siguiente, volví a coger mi cuaderno y lo abrí por la misma hoja en la que había escrito, en mayúsculas, *HEALTH*

INSURANCE la otra vez. Estaba decidida a entenderlo todo. El idioma esta vez no sería una barrera, la presentación sería en español. Y, además, esta vez no iba sola, prácticamente toda la plantilla, que, por lo visto, también tenía dudas, estaba en aquella sala de reuniones.

El agente de seguros, en vez de llamarse Jonah, esta vez se llamaba Christian y era puertorriqueño. Nos mostró en la pantalla grande una presentación muy parecida a la que yo había visto ya en la reunión de la semana anterior.

Sin embargo, a medida que avanzaba con su explicación, se iban emborronando las cosas igual que había pasado unos días antes, y yo no era capaz de tomar notas que tuvieran sentido del todo. Los conceptos que no había entendido en inglés, en la presentación en español eran idénticos: que si el deducible, los *premiums*, copagos, coseguros, el HSA, los doctores *in-network*, y el *out of the pocket*... Ahí me di cuenta de que no era el idioma el problema: es que todo era complicadísimo. Y tenía razón mi compañera cuando se reía y me decía que el seguro no lo entendían ninguno, a juzgar por las caras de póquer de mi alrededor. Pero Christian seguía hablando.

—Yo recomiendo que elijan añadir el coseguro de emergencia si tienen hijos, porque les cubre un *liability* de hasta trescientos mil dólares, lo cual puede salvarles de un apuro.

—¿Cómo así? —preguntó alguien.

—Por ejemplo, imagínense que su hijo invita a dos amiguitos a la piscina de su casa. Y uno de los amiguitos se lanza a la piscina por la zona que cubre menos, con tan mala suerte que se daña la cabeza. Con este seguro, ustedes estarían cubiertos de responsabilidad.

—Pero... igual esto es una tontería, porque soy nueva... Pero, si le tienen que llevar a urgencias, ¿no estaría el niño cubierto por el seguro de sus padres? —me atreví a preguntar.

—¡Excelente pregunta! Sí, en el caso de que los padres tuvieran un buen seguro, sí. Pero no sabemos si los padres tienen un buen seguro —me respondió sonriendo—. Y con este *co-insurance* que ofrecemos, nos evitamos el disgusto de tener que pagar hasta trescientos mil dólares en caso de que los papás del niño nos demanden por daños.

Yo levanté una ceja y me puse a pensar en la cantidad de accidentes que me habían ocurrido fuera de casa siendo pequeña, y en que jamás había sido una opción imaginable el que mis padres demandaran a nadie si me había hecho yo daño por hacer el burro... Y ese pensamiento fue interrumpido por otro, expresado en voz alta, por parte de una de las jefas.

—Y por eso yo no dejo que mis hijos traigan jamás a ningún amiguito a nuestra piscina.

Hubo risas y asentimiento general.

Y yo pensé: «¿y para qué quiere un niño una piscina, entonces, si no puede jugar allí con sus amigos?».

Aquel año no logré enterarme bien de cómo funcionaba el seguro, sinceramente. Me costó un par de años familiarizarme con todos los conceptos. El famoso «deducible» es como nuestra franquicia: la cantidad a la que has de llegar para que el seguro comience a cubrirte los gastos. Hay deducibles más altos o más bajos, pero, a no ser que te pase algo grave, es casi imposible llegar a esa cifra durante un solo año y, pasados esos doce meses, el contador se vuelve a poner a cero. Lo peor que te puede pasar es tener apendicitis o un cólico nefrítico a finales de diciembre porque, aunque con el coste de la hospitalización llegues al deducible en diciembre, el uno de enero vuelves a tener que pagar.

Otra de las jefas de la oficina había tenido que operar a su hijo mayor de fimosis aquel verano pasado. Y como pagaba el deducible más alto por ser un seguro familiar con varios dependientes, decidió que, antes de que acabara el año, operaría a su hija menor de las anginas.

¿Le hacía falta a la niña pasar por quirófano para algo? No. Pero, para ella, el aprovechar que el seguro, durante unos pocos meses, pagaría todos los gastos hospitalarios, era algo imposible de desaprovechar. «¡No voy a perder la oportunidad de que cubra el seguro una cirugía, ahora que hemos llegado al deducible!»

Algo que me quedó claro acerca de mi seguro es que incluía un chequeo anual a modo preventivo sin ningún coste, así que, al cumplir el año, lo aproveché. Fui a un *physician*, que es un médico sin especialidad. Al llegar a su oficina, tuve que rellenar unas seis páginas de formularios para que construyeran mi historial. No me pareció raro, al fin y al cabo, no tenía historial médico en un país al que acababa de llegar. Sin embargo, lo que no sabía es que cada vez que fuera a cualquier médico, iba a tener que rellenar la misma cantidad de formularios, porque no hay comunicación entre centros. Solo existe un *software* que unifica historiales en varios hospitales de todo el país —Epic— y este no está presente ni en el cuarenta por ciento de los centros de salud. Es decir, cuando vas al médico, incluso dentro de tu propia ciudad, no saben nada de ti como paciente. Si eres alérgico a algo, tu grupo sanguíneo, nada. Cada vez que vas a un médico nuevo es volver a empezar. Además, te piden información que nunca había tenido que dar en un formulario médico. No solo los datos de tu seguro, que es la primera pregunta, también el nombre de tu empleador, tu puesto de trabajo y, en algunos casos, me han llegado hasta a preguntar por mi salario. También hay que rellenar raza y/o etnia (a veces hacen un popurrí de ambos conceptos) y mi religión, dentro de un listado interminable, con opciones que van desde «cuáquera» hasta «menonita» o «neopagana».

La primera vez que fui al médico no sabía que iba a tener que pasar por el tercer grado antes de que un doctor me saludara, así que se me hizo tarde, otro paciente pasó antes que yo y terminé echando la mañana. Después aprendí que, cuando eres paciente nuevo, lo mejor es llegar con unos cuarenta minutos de adelanto y que incluso muchas consultas ofrecen la opción de rellenar *online* todos los formularios días antes de ir allí en persona.

Después de tener todo el papeleo listo y que la oficina del médico comprobase que yo tenía un seguro que se iba a hacer cargo de aquella consulta, me pasaron con la enfermera, que me pesó, me midió, me tomó la tensión, me mandó a hacer pis en un vasito, me hizo unas preguntas y completó mi historial para que lo revisara el doctor. Aquí el médico jamás te ve de primeras. Siempre hay otra persona que hace el «trabajo menor» y el doctor solo aparece al final, muy brevemente, como si fuera una estrella, a hacer exclusivamente los trámites que solo alguien de su cargo puede hacer. Lo mismo ocurre con el dentista y también con el veterinario. Por muy pequeña que sea la consulta, siempre hay mandos intermedios y mucho, muchísimo, tiempo de espera.

Y allí, en aquella consulta, además de lo que yo esperaba que ocurriera en un chequeo rutinario, me llevé una sorpresa cuando me dijo: «muy bien, ahora vamos a hacerte el "Papanicolau" y la revisión de mamas». Yo puse cara de póquer.
—¿Papaqué?
—El *pap test,* por favor, quítate los pantalones y la ropa interior y sube aquí. Luego te pediré que te desabroches la camisa. Yo ahora mismo vuelvo.

Y así me enteré de que, en ese chequeo anual, también estaba incluida una citología. Eso sí, solo cada tres años, si tienes entre veintiún y sesenta y cinco años.
La exploración de mamas era al tacto. A mí aquello me pareció demasiado completo para ser una revisión normal anual de tu médico de cabecera y, a la vez, demasiado incompleto para ser una revisión ginecológica anual, sin ecografías de ningún tipo.

Pero lo mejor fue la sorpresa final. Porque, si algo he aprendido en Estados Unidos, es que nunca puedes dar por zanjada una visita al médico hasta que no pasa aproximadamente un mes o mes y medio. Porque, de pronto, te puede llegar una factura. Una factura que no esperas, ya que habías ido a un médico de la red del seguro y a un trámite —al único, de hecho— que estaba completamente cubierto por tu póliza anual. Pero, a las cinco semanas de aquella primera revisión, llegó una carta de un laboratorio que me decía que, por aquel análisis de sangre que me habían hecho en mi médico, tenía que pagarles mil cuatrocientos treinta dólares. Y a mí casi me da un infarto.

Llamé a mi aseguradora:

—Hola, he ido por primera vez al médico, a mi revisión rutinaria, y como parte de esa revisión me hicieron unos análisis de sangre. Ahora he recibido una factura por mil cuatrocientos treinta dólares del laboratorio y no entiendo nada.

—Mmm... es que esa analítica no fue *preventive care*.

—¿Cómo que no? Claro que lo fue.

—No aparece así en el sistema.

—No entiendo...

—Cuando el *physician* envía la solicitud de analítica al laboratorio, ha de decir que es *preventive care* introduciendo el código correspondiente, y en su caso no lo hicieron.

—Entonces... ¿qué hago?

—Puede abonar la cantidad o puede llamar a su médico a ver si le hacen el favor de cambiarlo.

Esa llamada fue la primera de todo un infierno de proceso por el cual tuve que llamar a mi médico, pedirles que hablaran con el laboratorio y lo cambiaran, no tener ninguna garantía de que lo hubieran hecho, recibir un «segundo aviso» amenazante del laboratorio por carta para que pagara, volver a llamar a mi médico, llamar al laboratorio también, recibir una carta de mi seguro diciéndome que pagara al laboratorio, llamar al seguro de nuevo, llamar al médico de nuevo... Y, por fin, exhausta, conseguir que no me cobraran por algo que, desde un principio, no tenía que pagar yo.

Esta, de forma simplificada y con una cifra muy manejable, es la agonía del sistema sanitario en Estados Unidos.

A raíz de aquella experiencia, cada vez que he ido al médico a la revisión anual, no hago más que repetir como un lorito que es *preventive care* y le pido a la persona de la oficina que me toma los datos del seguro que, por favor, lo pongan bien clarito.

Y me gustaría pensar que esto me ocurrió por novata, pero no. Sin ir más lejos, el año pasado le hicieron lo mismo a Yankimarido con su seguro, distinto al mío.

De hecho, hace poco vi en las noticias el caso de una mujer que había ido a su chequeo anual y, cuando el médico le preguntó que cómo se encontraba, contestó: «pues, honestamente, llevo un año horrible. Perdí a mi madre hace poco». Esto condujo a una breve charla sobre si estaba o no deprimida con su médico de cabecera, que no le derivó a ningún especialista ni le recomendó ningún tratamiento... Terminó el chequeo y ya. Y, para su sorpresa, le llegó a casa después una factura de cuatrocientos ochenta y siete dólares por la consulta, incluyendo un cargo de ciento cincuenta y seis dólares por esa conversación acerca de su bienestar.

El problema del sistema sanitario en Estados Unidos no es solo que sea caro. Es que es una pesadilla. Para empezar, cada empresa ofrece un seguro distinto, así que, en función de quién te dé trabajo, tienes un mayor o menor acceso a la sanidad. Y algo que nadie me explicó (ni a mí se me ocurrió preguntar) fue que, además, el seguro no siempre está cubierto por tu empleador. Es decir, tu empleador, si es una empresa grande, tiene la obligación de proveer un seguro de salud a sus empleados, pero eso no significa que vaya a cubrir la empresa el pago de toda la póliza mensual.

Y con esto pequé de novata dos veces, a falta de una. Cuando comencé a trabajar en Miami, mi empresa cubría, creo recordar, el setenta y cinco por ciento de la póliza, por lo que en la nómina nos quitaban «algo» pero, sinceramente, no recuerdo ni cuánto. Para mí era simplemente una retención más, igual que te restan los impuestos que pagamos a nivel federal o te rebajan por otras cosas, como el seguro de «discapacidad» que te ofrecen algunas empresas, por el cual tienes derecho a ponerte enfermo durante un número limitado de semanas a cambio de poder seguir cobrando parte (nunca el cien por ciento) de tu salario normal. Lo que viene siendo un seguro que pagas cada mes para poder pedirte una baja medio pagada y así evitar quedarte sin ingresos el día que te rompas un brazo o te tengan que operar de un menisco, por ejemplo.

Cuando, tres años más tarde, busqué trabajo en otro sitio, recuerdo que en la entrevista me dijeron que «me ofrecían un seguro de salud excelente» como parte de la negociación. Y yo pensé «sí, claro, como el otro, que también era excelente». Pero, cuando empecé a trabajar allí, me encontré con una sorpresa, esta vez, muy agradable. La empresa se hacía cargo de los pagos mensuales al completo y no solo de los míos, también de mi marido. Es decir, que no me quitaban nada de mi nómina, que Yankimarido podía darse de baja de su seguro y que pasábamos a estar cubiertos los dos, ahorrándonos muchos cientos de dólares al mes, de un día para otro. Maravilla.

El seguro, eso sí, era una castaña y no cubría apenas nada. El «deducible» y los copagos eran altísimos y cada visita a un especialista tenía un copago de cien dólares por la consulta. Afortunadamente, durante aquel período de tiempo, ninguno de los dos nos pusimos enfermos y solo lo utilizamos de forma puntual.

Pero llegó el día en el que yo abandoné aquella empresa y empecé a trabajar en otra. Y ni se me ocurrió, en la media docena de entrevistas que tuve que hacer para culminar con todo el proceso de selección, preguntar por cuáles eran las condiciones del seguro médico. Solo pregunté qué seguro tenían y me ofrecieron cubrirme con la misma aseguradora que tuve con el primero, así que me pareció una mejora respecto a lo que tenía en ese momento.

Pero cuando comencé a trabajar, me di cuenta de que la nueva empresa solo cubría el cincuenta por ciento del pago mensual del empleado. Es decir, que de mi salario me iban a restar unos cuatrocientos dólares al mes por mi seguro. Y que, si quería incluir a mi marido en el mismo, a él no le cubrían nada, por lo que me restarían cuatrocientos dólares por mi seguro y otros ochocientos dólares por el suyo. El coste total del seguro para los dos era de mil doscientos dólares al mes.

De pronto, había pasado de no pagar nada a pagar mil doscientos. Y el seguro era «igual de bueno» que el primero. Con su deducible, con sus copagos, con sus facturas sorpresa.

Yankimarido se buscó otro seguro por su cuenta que, siendo algo peor, al menos era bastante más barato y pudimos desahogar ese gasto. Y a día de hoy, con las subidas, porque todos los años el seguro sube y han pasado ya cinco años de aquello, pagamos algo más de mil dólares mensuales entre los dos.

Algo que me encuentro mucho en Twitter —ahora X— como argumento a favor de este tipo de sanidad privatizada, es que los sueldos son más altos en Estados Unidos. Pero precisamente a mí este argumento me parece uno de los más injustos. Los sueldos son más altos en Estados Unidos porque la vida es más cara en Estados Unidos. Y los seguros son carísimos, independientemente de tu sueldo. Para algunos supone la mitad o un tercio de su sueldo. Para otros una quinta parte; para algunos afortunados que cobren una fortuna, quizá sea un gasto menor. Pero todos los que dependemos de un sueldo —sea el que sea— para vivir, estamos expuestos al riesgo de la ruina por culpa de las facturas médicas. En el momento en el que te detectan una enfermedad crónica o tienes una complicación médica, tu seguro es el enemigo. Hay miles, millones, de casos de personas que no pueden continuar con su actividad laboral por culpa de una enfermedad, y ese seguro por discapacidad —que mucha gente no tiene— puede cubrirte solo durante un período limitado de tiempo.

Además, al estar el seguro médico ligado a tu trabajo o al de tu pareja, siempre corres el riesgo de quedarte sin cobertura por perder tu empleo. Y las cirugías, los médicos especialistas y las hospitalizaciones no son el único problema, también pueden arruinarte los medicamentos, ya que no todos los seguros cubren los fármacos o todos los fármacos que puedes necesitar. En el 2023, la farmacéutica Pfizer triplicó el precio del Paxlovid, el tratamiento para tratar el coronavirus, a mil trescientos noventa la dosis y cuadruplicó el precio de la vacuna de la COVID a ciento quince dólares.

Ni mi seguro actual ni el de Yankimarido cubren este fármaco, por ejemplo. Así que es una cuestión de suerte que una «simple» COVID en el 2023 no diera un palo a nuestros ahorros, por ejemplo.

Pero, insisto, el precio de las cosas no es el único problema. Lo peor es no saber. No tener ni idea de cuánto te va a costar una prueba médica, por ejemplo. El seguro, a veces, miente de forma descarada. Cuando tuve que hacerme, el año pasado, una electromiografía en las dos manos porque me empezaron a doler muchísimo y no sabía si era por el síndrome del túnel carpiano, el seguro primero me dijo que la prueba estaba cubierta y que solo tendría que pagar un pequeño copago. Sin embargo, un par de meses después me llegó una factura de unos quinientos dólares, cuando ya me la había hecho. Sorpresa.

O la vez que fui a mi revisión anual y la doctora, al explorarme el pecho, notó un bultito que me molestaba en una mama y me mandó hacer una mamografía.

Cuando llegué al centro para hacérmela, primero pasé por caja —como siempre, todos los hospitales tienen una sección de cobros que parece más la oficina de un banco que un centro sanitario— donde una chica muy amable me dijo que la mamografía no estaba cubierta por mi seguro y que, por tanto, tendría que pagar ochocientos setenta y cinco dólares por la prueba.

Me quedé helada.

—Pero... pero...

La chica siguió hablando y ofreciéndome opciones, una detrás de la otra.

—Podríamos cobrar ahora o hacer un plan de financiación... Aunque mi recomendación es que no use su seguro, ya que de no tener seguro médico podría beneficiarse de una oferta que tenemos ahora para no asegurados, por la cual le haríamos la mamografía y una ecografía de mama, las dos cosas, por trescientos noventa y cinco dólares. Eso sí, en caso de que se acoja a la oferta, no habría posibilidad de financiación.

Durante un segundo nos quedamos las dos mirándonos. Ella supongo que estaba recuperando el aliento. Yo estaba procesando la información.

—Es decir, me está diciendo que si utilizo mi seguro médico, tengo que pagar más de ochocientos dólares por una mamografía, y que si hago como si no tuviera seguro médico, podría pagar la mitad por esa misma mamografía y, además, ¿me regalan una eco de mama que ni siquiera me ha pedido el médico? No lo he entendido bien, ¿verdad?

—¡No, no, lo ha entendido de maravilla! Correcto. Solo recordarle que en caso de acogerse a la oferta, tendría que pagar hoy mismo, ya que no admite financiación. Puede pagar con efectivo, cheque o tarjeta.

Yo me sentía como quien ha ido a por una *pizza* pequeña y le dicen que hay dos por uno y se va con dos cajas de pizza tamaño familiar. Aquello no era serio.

—Ya... Y la ecografía... ¿me la podrían hacer hoy también?

—Sí, no habría problema. Haríamos todo hoy mismo.

—Ya... Vale, sí, me acojo a la oferta —dije mientras le daba la tarjeta para que me cobrara—. Pero... perdón, es que no soy de aquí, solo llevo unos años viviendo en Estados Unidos y nunca había oído nada igual. Usted es consciente de que esto no tiene ningún sentido, ¿verdad? Lo de que con seguro sea más caro que sin seguro...

—Sí, la verdad es que entiendo que sea difícil de comprender, visto desde fuera.

—Es que pago más de cuatrocientos dólares al mes por ese seguro, y eso que solo pago la mitad de la prima... Es decir, que teniendo un seguro que cuesta más de ochocientos dólares al mes, no pueda utilizarlo porque la oferta solo sea válida para quien no tiene seguro parece de broma...

—Sí, jajaja, a veces estas cosas pasan... Los hospitales sacan estas ofertas en realidad para la gente que no tiene seguro, no para que quien tiene seguro no lo utilice... Pero yo le estoy dando esa opción.

—Ya... no... no hay quien lo entienda. Es que además me dice que la oferta no admite financiación... Así que es injusto para quien no tenga ahora mismo cuatrocientos dólares en el banco, porque entonces esa persona no podría acogerse al precio más bajo...

—El sistema es muy complejo, la verdad. Mi trabajo consiste en ofrecer todas las facilidades posibles al paciente, pero es cierto que, a veces, se ven situaciones muy feas. La idea que hay detrás de esta oferta es favorecer los pagos instantáneos lo más posible, para evitar que haya pérdidas por impagos con la financiación.

—Ya...

—Tome, su factura. Y unas pegatinas, para la concienciación. Y complete esta información, si no le importa. Aquí tiene un bolígrafo.

Miré las pegatinas con forma de lazo rosa y me senté en la silla a rellenar formularios. Cuando me llamaron, fui casi como una zombi por aquel hospital. Me metieron en un vestuario y me dieron una batita monísima que parecía nueva a estrenar y un paquetito pequeño. Eran unas pezoneras.

—¿Esto tengo que usarlo? —pregunté, antes de que la chica desapareciera por la puerta del vestuario.

—No hace falta, pero las ofrecemos por si las necesitara.

Lo de ponerme unas pegatinas para taparme los pezones en un centro ginecológico sí que no me lo esperaba. Y no me las puse. Total, la doctora que me había mandado a hacerme la prueba ya me había llamado «fresca» cuando vio que no me había tapado el pecho con una toalla antes de que ella volviera a entrar por la puerta.

—¡Uy, qué francesa! —me dijo, riéndose, al verme en bolas de cintura para arriba, sentada en la camilla, esperándola, porque me había dicho que me iba a examinar el pecho.

—Bueno, en realidad soy española —contesté yo—, pero es que no me da pudor. Al fin y al cabo, usted me va a explorar. No creo que sean las primeras que vea, ¿verdad?

—Ay... ¡Cómo sois las europeas! ¡Jajajaja!

Así que aquel día me hice una mamografía y una ecografía de mama a la europea, o a la francesa, sin pezoneras, después de pagar casi cuatrocientos dólares por aprovechar un dos por uno como si estuviera en un bazar. Y cuando salía de allí y caminaba hacia mi coche pensaba en lo frágil que era mi residencia en Estados Unidos. Porque lo que tenía —y sigo teniendo— muy claro, es que, si con aquellas pruebas me hubieran diagnosticado un cáncer de mama, yo habría hecho las maletas y me habría vuelto en ese momento a España. Incluso aunque mi seguro cubriera completamente su tratamiento —que sé que no, ni de lejos—, no podría sostenerme aquí mucho tiempo sin poder trabajar. Mi empresa, por aquel entonces, no ofrecía un seguro de discapacidad siquiera, así que, como mucho, podría negociar que me guardaran el sitio si tuviera que dejar de trabajar durante unos meses, pero en ningún escenario podría yo contar con cobrar todo mi sueldo si estuviera enferma. Y la combinación de tener que pagar facturas inmensas, perder mi salario y hasta correr el riesgo de dejar de estar cubierta por mi seguro si perdía mi trabajo, haciendo que las facturas se multiplicaran, me hacía ver muy claro que mi salida a esa situación de emergencia pasaba por comprar un vuelo de vuelta a casa.

Afortunadamente, todas las pruebas salieron bien. Pero aquella anécdota hizo que se resquebrajara un poco más el suelo bajo mis pies. Me hizo sentir que, por muy asentada que yo esté en Estados Unidos, por muy a gusto que pueda encontrarme en mi trabajo, por mucha familia y amistades estadounidenses que tenga, por muy acogedora que sea mi casa, por mucho que me hagan reír los yankis, por mucho que me haya acostumbrado y disfrute de las rutinas y, en ocasiones, de vivir lejos de todo y de todos... si nos pasa algo grave, no quiero vivirlo aquí. O, mejor dicho, no puedo sobrevivirlo aquí. Estados Unidos es un país salvaje en el que se puede vivir bien siempre y cuando tengas buena suerte, estés sano y seas extremadamente productivo. Pero, en el momento en el que te ves en apuros, no puedes generar ingresos y necesitas ayuda, este país no es solo que no te eche una mano, es que se ceba contigo.

Los estadounidenses viven esta precariedad con resignación, en la mayoría de los casos. Se endeudan hasta las cejas, trabajan hasta que no pueden más y, con orgullo, cada uno tira de su propio carro. Para ellos, es lo que hay y lo que ha habido siempre. Es el precio de su libertad. Cuanta más dura es la vida, más se enorgullecen de lo que han logrado. Para la mayoría, emigrar no es una opción. El lavado de cerebro es tal que muchos creen aún muy firmemente que no hay ningún país mejor que el suyo. Les repiten constantemente que Estados Unidos es «el líder del mundo libre» —signifique eso lo que signifique— y primera potencia mundial, así que... ¿Dónde van a ir que puedan tener una vida mejor? Además, sus deudas les tienen atados a la pata de la cama y, vivieran donde vivieran, tendrían que seguir declarando sus impuestos también en Estados Unidos. Pocos aprenden otros idiomas (¿para qué?) y la mayoría no se saca el pasaporte ni sabe conducir coches con marchas. No, no están hechos para considerar siquiera la posibilidad de emigrar. Muchos protestan, sobre todo los liberales, cuando ven cómo el conservadurismo avanza y consigue que el país eche pasos hacia atrás. Algunos dicen que se van a mudar a Canadá, pero luego no lo hacen. Para los estadounidenses, la solución es, y ha sido siempre, aguantar. Y aguantan muchísimo. Aguantan abusos por parte de sus compañías, aguantan sin tener muchas vacaciones, aguantan cobrando un sueldo que puede no dar para mantener a su familia, aguantan que sus hijos tengan que hacer simulacros de tiroteo en el colegio, aguantan con deudas universitarias con unos intereses descomunales. Aguantan sin baja médica pagada, ni siquiera por maternidad o paternidad. Aguantan sin jubilarse del todo para poder pagarse «caprichillos», aunque, en realidad, estos sean necesidades. Aguantan sin ir al médico todo lo que pueden, aguantan automedicándose en la parafarmacia, aguantan el racismo los que les toca, y la brutalidad policial, y la discriminación de todo tipo. Aguantan y no solo aguantan, sino que aguantan orgullosos. Y aguantan sin quejarse. Patriotas ellos, defienden un estado que les machaca. ¿Irse del mejor país del planeta? Ni hablar.

Pero creo que esto está cambiando poco a poco. Cada vez más estadounidenses —de clase media-alta, eso sí— consideran la posibilidad de salir del país a otros lugares con mejor calidad de vida y donde su dinero dé más de sí. Conozco a parejas jubiladas que se han ido a vivir a Portugal, a Costa Rica, a México. Las redes sociales han servido de altavoz para los estadounidenses que se han ido y ahora, desde el extranjero, cuentan verdaderas maravillas. Salen en TikTok aliviados por no tener que lidiar con tiroteos, agradecidos con la vida que hay en las calles, con el transporte público, con los precios de la comida rica y sana, sorprendidos por haber ido a urgencias y que les hayan atendido sin necesidad de dar sus datos bancarios. Y aquí, al otro lado del charco, a muchos nos dan envidia cuando escuchamos su felicidad, porque tienen razón. Sus vídeos se hacen virales entre los españoles porque nos parece una maravilla el que un estadounidense, nada más y nada menos, diga que algo en España es mejor que en su país de origen, ¿verdad?

Si fuera una persona de cualquier otro país, no nos llamaría tanto la atención. ¿Pero de Estados Unidos? ¿Cómo es posible que un estadounidense hable maravillas de vivir en Españita, en nuestro país de pandereta, en la república bananera, en el coño de la Bernarda, en las dos Españas, en la España que se rompe, en el patio de colegio, en Españistán?

Quizá es que, en España, a pesar de no ser una superpotencia como Estados Unidos, no se vive tan mal.

Si algo he sacado en conclusión de mi experiencia migratoria, es que emigrar nunca es la solución. Es, si acaso, una consecuencia.

Dejar tu casa, trabajo, familia y entorno no es nada fácil, ni apetecible, ni realista para todos. Y, aunque hay muchas maneras de ser emigrante en función de qué privilegios o cargas añadidas lleves contigo, en todos los casos emigrar a un país desconocido es complicarse un poco (o un mucho) la vida.

He escrito este libro intentando dar respuestas a quien, como yo hace veinte años, tenga idealizado Estados Unidos y desee muy fuerte cumplir su propio sueño americano, pero la verdad es que ese es un objetivo demasiado ambicioso. Yo no puedo convencerte de que no lo hagas, cada uno ha de hacer su propio camino. Yo no me arrepiento nada de haberme ido, porque la distancia me ayudó a enderezar mi vida. Siento que, si no llego a poner un océano de por medio, no habría podido poner fin a una situación personal que fue mucho más claramente desastrosa vista de lejos. Sin embargo, sí me arrepiento de haberme ido tan a ciegas, sin un plan claro de vuelta, dando tantas cosas por hecho y siendo tan desagradecida con lo que había tenido hasta el momento. Yo me fui odiando España, menospreciando nuestro estado del bienestar, ignorando la cantidad de derechos adquiridos en tan poco tiempo de democracia. Y ahora me doy cuenta de que, si bien hay muchas cosas en las que España tiene que mejorar, no es justo quitarle eso. No es justo echar por tierra lo que tenemos. Y, sobre todo, es muy peligroso seguir idealizando Estados Unidos, visto que el modelo estadounidense se está comiendo a sus propios ciudadanos vivos.

Sigo entendiendo a quien sienta fascinación por Estados Unidos. Yo misma disfruto de su locura y de su extremismo. Hago vídeos cuando veo a alguien con una pistola al cinto, o con una camiseta o un tatuaje neonazi, incluso. Cuanto más aprendo, más los identifico. Ahora sé lo que significan prácticamente todas las pegatinas que pueden poner en sus coches. De qué pie cojean, a quién votan, si creen en alguna teoría de la conspiración, si son libertarios, si son fanáticos religiosos, si forman parte de alguna milicia y están armados hasta los dientes. No puedo decir que me guste verlos, pero me gusta saber qué es lo que estoy viendo.

En este país disfruto de las cosas que sé que España no me puede aportar. Hoy en día, tengo la ventaja de trabajar desde mi casa y que mi profesión sea compatible con un segundo trabajo que, desde la pandemia, he decidido desarrollar como divulgadora-desmitificadora de este país. Disfruto de una casa mucho más amplia de lo que era mi pisito en Madrid en la que me siento muy cómoda. Me gusta mi vida en Chattanooga, una ciudad universitaria pequeña donde se respira tranquilidad, donde estamos rodeados de naturaleza, donde no hay aglomeraciones, pero sí vida en la calle. Donde puedo ir al supermercado en bicicleta, se aparca en la puerta de cualquier restaurante y no hay que reservar en casi ningún sitio con antelación. Disfruto de las escapadas que nos permite hacer a los alrededores, de la belleza de los otoños en este lugar del mapa, de mis amigas españolas y, en muchos casos, de la soledad de quien vive lejos de todos y decide, egoístamente, cuándo quiere volver y visitar.

Como mi sueño americano no era demasiado ambicioso, podríamos decir que sí se llegó a cumplir, aunque he estado tan ocupada sorprendiéndome y decepcionándome con todos los aspectos negativos que esta sociedad oculta de primeras, que no me he dado ni cuenta. Este país me ha aportado —sin quererlo— muchísimo, sobre todo con relación a mi vida personal. Pero la perfección, como la línea del horizonte, siempre se ve lejísimos. Ese proverbio que dice que los pastos siempre son más verdes en el campo del vecino tiene su parte de verdad, porque creo que el número de veces que yo soñé con irme a Estados Unidos se ha visto superado, con creces, por el número de veces que he soñado con irme de Estados Unidos.

A lo largo de los años he intentado varias veces buscar trabajo en España, pero en la pandemia terminé desistiendo del todo. Nuestro trabajo está en este país y también lo está gran parte de nuestra familia y amigos. Es lo que ocurre cuando va pasando el tiempo, que vas echando raíces y terminas con el corazón dividido.

Veo complicada la vuelta, pero también tengo la certeza de que llegará el momento de abandonar Estados Unidos y reencontrarme con una España que no será la misma que yo dejé atrás. No nos engañemos, aunque fantaseamos con volver, si seguimos aquí es porque permanecer es siempre más sencillo que cambiar. Porque da miedo cruzar el charco, da igual para qué lado sea, si no tienes garantías de ingresos y un buen plan. Porque, además, esta es la zona de confort de mi Yankimarido en muchos sentidos y porque a mí me ha costado tanto adaptarme y entender el mundo que me rodea durante los últimos diez años —por no hablar del dinero gastado en obtener la residencia— que ahora me da tristeza pensar en que, en algún momento, habrá que soltar todo lo aprendido y volver a echar a volar.

Creo que la energía necesaria para hacer una mudanza grande y empezar de cero en todo solo se saca de una situación límite o de una gran esperanza de futuro.

Y, quizá porque no hay que dejar de soñar, o quizá porque nunca nada me parece suficiente, igual que hace años yo fantaseaba con irme, ahora sueño con volver. Pero yo ya no huyo de nada ni de nadie. Yo ya no quiero irme a la desesperada, sin leer la letra pequeña. Yo ahora sueño con volver a España, pero bien. Por capricho, no por necesidad. Porque podamos y porque queramos también. Poder volver sin que sea una odisea, sin que duela tanto como irse o más.

Porque, aunque Estados Unidos me haya decepcionado y no sea ni parecido a lo que yo pensé que sería, el país está libre de culpa. Es cierto que las cosas han ido, en general, en los últimos años, a peor... Pero la mayoría de las dificultades que sufre la gente aquí ya existían mucho antes de que yo decidiera venir.

No todos esos problemas que tiene Estados Unidos me han afectado a mí personalmente, además. Mi experiencia, con sus altos y sus bajos, yo la describiría como privilegiada, en general. Pero ha sido duro descubrir que mi país ideal no llegaba siquiera, en cuanto a calidad de vida y bienestar social, a la suela del zapato del país que yo misma había decidido abandonar.

Los estadounidenses no tienen culpa alguna de que yo viniera con falsas expectativas, así que una parte de mí sigue apreciando mucho a Estados Unidos y a su gente, y deseando muy fuerte ver mejoras en este país que parece, hoy en día, empeñado en autodestruirse. Porque no tiene pinta de ir a mejorar.

Así que ojalá terminar de hacer las Américas y deshacerlas. Puestos a soñar, sueño con vivir temporadas en un sitio y en otro. Tenerlo todo, no renunciar a nada. Quién pudiera desayunar en el día de Reyes con unos y cenar con otros en Acción de Gracias. Estar más cerca de todos, aquí y allí, y dejar de perdernos siempre todas las fiestas de cumpleaños. Ojalá poder no preocuparse ni por la falta de oportunidades de trabajo, ni por la falta de acceso a la sanidad y cuidados. Ojalá lograr ese equilibrio perfecto. Porque ese, tan distinto al original, ha terminado siendo mi verdadero sueño americano en la actualidad.

AGRADECIMIENTOS

Quiero dedicar estas líneas a agradecer este libro a las personas que lo han hecho posible. A Marta, mi editora, por el tremendo voto de confianza. A Silvia, mi agente, por hacerme la vida más fácil. A Rosario, mi amiga, por ayudarme a despegar. A Guadalupe, mi psicóloga, por animarme a seguir. A Suzie, mi directora, por aprobar todos los días libres que he necesitado pedir en el trabajo para escribir. A mi familia y amigos en España y Estados Unidos, por su apoyo constante e incondicional. A Pancho, por ser el mejor reposabrazos mientras tecleo en el sofá. Y a Adam, porque sin él la vida sería imperfecta y mi historia no sería igual.

Y gracias también a todas las personas que me seguís cada día en redes, por la empatía y el cariño infinito. Por algo os llamo siempre *#fólogüersdecalidad*.